Les exercices de ce livre sont présentés de façon thématique.
Voici l'explication des symboles utilisés à cet effet.

 l'alimentation

 le temps

les chiffres 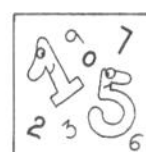

 les animaux

 la campagne

l'heure 

 le calendrier

 la gare

les métiers 

 les nombres

 les vêtements

les loisirs 

 les moyens de transport

 le corps

l'école 

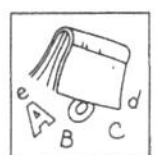 grammaire et vocabulaire

 la politesse

les vacances 

 l'hiver

 la ville

la grammaire 

 poser une question

 demander son chemin

les couleurs 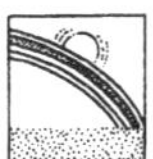

 la maison

Chez le boucher

Lis attentivement le texte! Replace, dans le dessin, les numéros qui correspondent aux mots de vocabulaire.

I go to the butcher's. **1**
Je vais à la boucherie.

2 the chop
la côtelette

3 the sausage
la saucisse

4 the pâté
le pâté

5 the ham
le jambon

6 the salami
le salami

7 the meat
la viande

Vocabulaire:
pork: *la viande de porc*
veal: *la viande de veau*
mutton: *la viande de mouton*

Objectif: connaître le vocabulaire relatif à la boucherie.

Ma maison

Voici ma maison! Ecris, dans le dessin, les numéros correspondant aux parties de la maison.

1 the garden
le jardin

2 the cellar
la cave

3 the attic
le grenier

4 the kitchen
la cuisine

5 the drawing room
le salon

6 the dining room
la salle à manger

7 the bathroom
la salle de bains

8 the bedroom
la chambre

Objectif: connaître le vocabulaire relatif à la maison.

Les mois et les saisons

Complète les mois comme dans l'exemple.

September septembre	December *décembre*	March *mars*	June *juin*
October	January	April	July ....
November	February	May	August ....

Ecris les noms des saisons et relie-les aux bons dessins.

autumn - ....

winter - ....

spring - ....

summer - ....

Objectif: connaître les noms des mois et des saisons de l'année.

Chez l'épicier

Regarde bien le dessin. Replace, dans le dessin, les numéros qui correspondent aux mots de vocabulaire.

1 the apple *la pomme*	**5** the cherry *la cerise*	**9** the lemon *le citron*	**13** the salt *le sel*
2 the pear *la poire*	**6** the nut *la noix*	**10** the grape *le raisin*	**14** the pepper *le poivre*
3 the banana *la banane*	**7** the strawberry *la fraise*	**11** the flour *la farine*	**15** the rice *le riz*
4 the plum *la prune*	**8** the orange *l'orange*	**12** the sugar *le sucre*	**16** the biscuits *les biscuits*

Objectif: connaître le nom anglais de tout ce qu'on peut acheter chez l'épicier.

Mon anniversaire

Voici des gâteaux d'anniversaire. Indique l'âge des enfants qu'on fête. Ecris aussi ton âge en toutes lettres dans le cadre.

1 = one, 2 = two, 3 = three, 4 = four, 5 = five, 6 = six, 7 = seven, 8 = eight, 9 = nine, 10 = ten, 11 = eleven, 12 = twelve.

> How old are you? I am .... years old.
> *Quel âge as-tu? J'ai .... ans.*

Exemple: Ben is five years old.

Anne ....

John ....

Mark and Mary are ....

Dessine les gâteaux d'anniversaire.

Alan is nine years old.

Helen is eleven years old.

Thomas is four years old.

Objectif: savoir compter en anglais.

Les vêtements

Inscris, dans le dessin, les numéros qui correspondent aux vêtements.

1 the raincoat
l'imperméable

2 the coat
le manteau

3 the hat
le bonnet

4 the scarf
l'écharpe

5 the gloves
les gants

6 the socks
les chaussettes

7 the shoes
les chaussures

8 the trousers
le pantalon

9 the shirt
la chemise

10 the dress
la robe

11 the skirt
la jupe

12 the pullover
le pull

13 the bathing suit
le maillot

14 the pyjamas
le pyjama

15 the sandals
les sandales

Objectif: connaître les noms anglais des vêtements.

Les fruits cachés

Dans cette grille sont cachés des noms de fruits. Colorie-les et écris ci-dessous ceux que tu as trouvés.

Q	A	Y	J	S	M	L	F	O	E	B
R	P	D	I	A	T	B	E	R	K	A
S	P	E	K	J	C	A	J	A	F	N
P	L	U	M	B	R	F	J	N	B	A
P	E	A	R	V	B	J	D	G	C	N
T	D	F	L	G	R	A	P	E	R	A
U	C	F	D	S	B	N	F	G	D	W
V	B	S	M	M	C	H	E	R	R	Y
W	A	L	E	M	O	N	K	L	Y	X
X	Z	W	J	K	S	C	D	N	U	T

Les noms de fruits que j'ai trouvés sont:

....

....

....

....

....

Objectif: connaître le nom des fruits en anglais.

Au supermarché

Lis attentivement tous les mots. Barre tout ce que tu ne peux pas acheter au supermarché.

the vegetables *(les légumes)* – the leek *(le poireau)* – the nose *(le nez)* – the carrot *(la carotte)* – the cabbage *(le chou)* – the red cabbage *(le chou rouge)* – the telephone *(le téléphone)* – the cauliflower *(le chou-fleur)* – the bean *(le haricot)* – the spinach *(les épinards)* – the window *(la fenêtre)* – the cloud *(le nuage)* – the chicory *(l'endive)* – the celery *(le céleri)* – the lettuce *(la salade)* – the tomato *(la tomate)* – the peas *(les petits pois)* – the potato *(la pomme de terre)* – the tree *(l'arbre)* – the fish *(le poisson)* – the house *(la maison)* – the bird *(l'oiseau)* – the sardine *(la sardine)* – the mussel *(la moule)* – the sole *(la sole)* – the trout *(la truite)* – the mouth *(la bouche)* – the salmon *(le saumon)* – the dog *(le chien)* – the cod *(le cabillaud)* – the baby *(le bébé)* – the plaice *(la plie)* – the oil *(l'huile)* – the stamp *(le timbre)* – the soup *(la soupe)* – the jam *(la confiture)* – the tea *(le thé)* – the coffee *(le café)* – the soap *(le savon)* – the street *(la rue)* – the train *(le train)* – the shrimp *(la crevette)* – the onion *(l'oignon)* – the wine *(le vin)* – the beer *(la bière)*

Objectif: connaître les noms anglais des produits que l'on trouve au supermarché.

To be - être

Relie les pronoms aux verbes. Mais observe d'abord attentivement les formes conjuguées.

I am *(je suis)*
You are *(tu es)*
He is *(il est)*
She is *(elle est)*
We are *(nous sommes)*
You are *(vous êtes)*
They are *(ils-elles sont)*

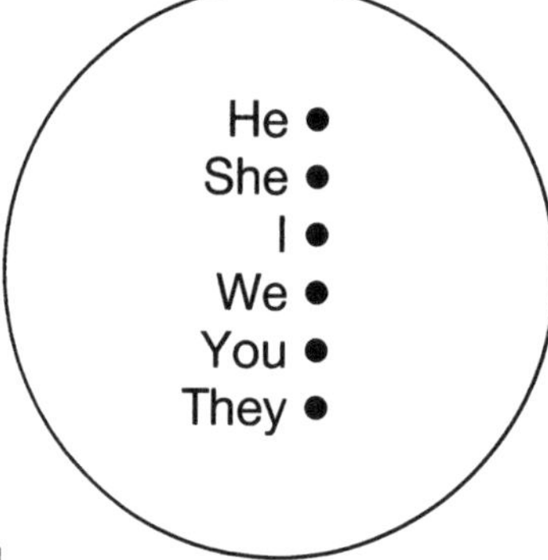

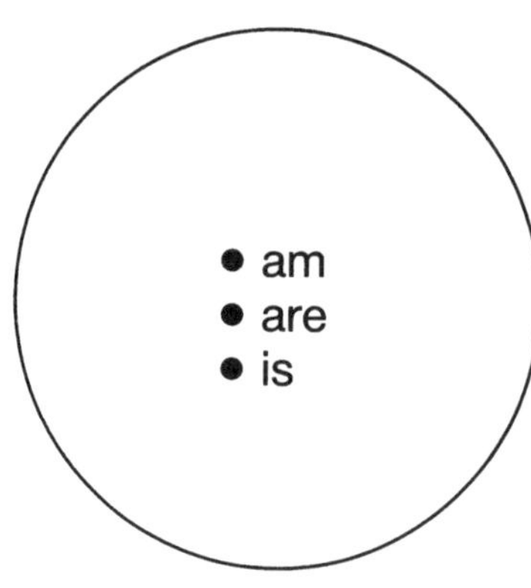

Ecris chaque fois un sujet devant le verbe.

.... am
.... are
.... is
.... are

.... is
.... are
.... is
.... are

Ecris le verbe "to be" conjugué.

He ....
I ....
We ....
Susan and Ben ....

She ....
You ....
The dog ....
Mark ....

Objectif: apprendre à conjuguer le verbe être.

To have - avoir

Relie les pronoms aux verbes. Mais observe d'abord attentivement les formes conjuguées.

I have *(j'ai)*
You have *(tu as)*
He has *(il a)*
She has *(elle a)*
We have *(nous avons)*
You have *(vous avez)*
They have *(ils-elles ont)*

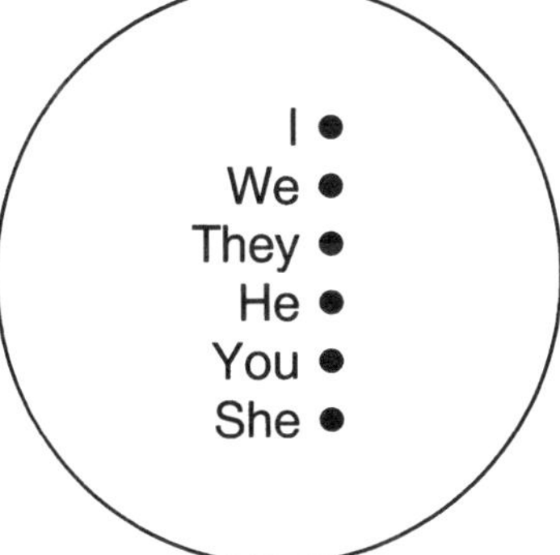

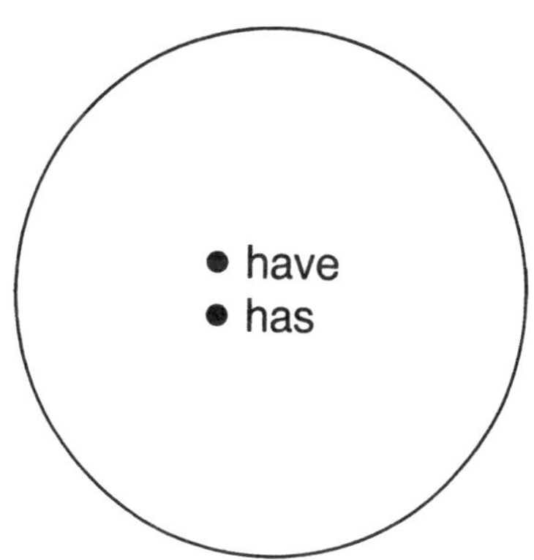

Ecris chaque fois un sujet différent devant le verbe.

.... has
.... have
.... have
.... has

.... has
.... have
.... has
.... have

Complète par le verbe "to have" conjugué.

He ....
She ....
You ....
They ....

Mary ....
We ....
I ....
Tom and Dave ....

Objectif: apprendre à conjuguer le verbe avoir.

Peter part en vacances

A gauche, tu vois la valise de Peter avant son départ. A droite, tu la vois à l'arrivée. Ecris le nom des vêtements qui ont disparu en anglais.

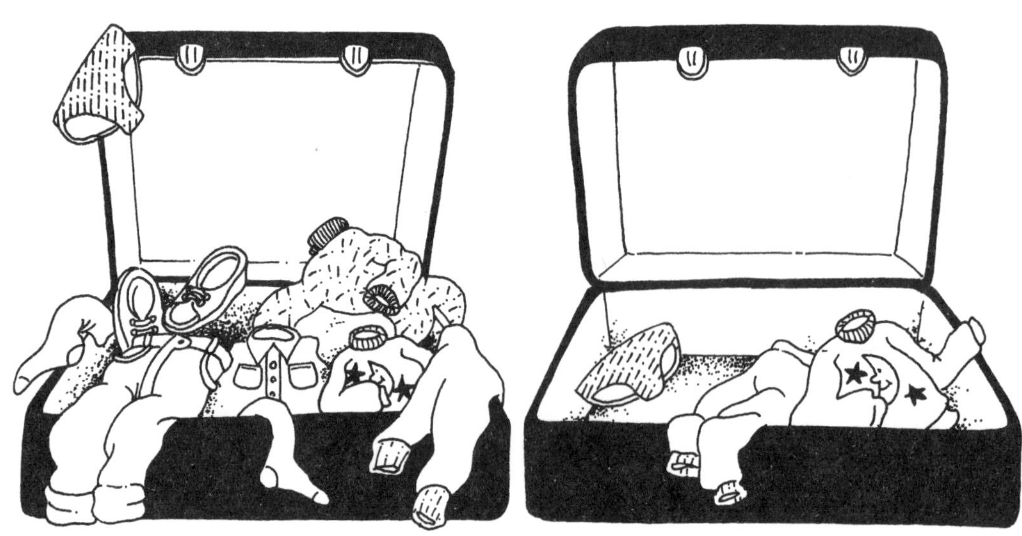

Ce qui a disparu: ....

....

....

Complète la grille en anglais. Verticalement, tu verras apparaître le nom d'un vêtement.

Il protège les oreilles.

Elle protège ton cou.

Ils gardent tes mains au chaud.

Il a parfois un col roulé.

Est portée seulement par les filles.

Tu les mets aux pieds.

Les garçons n'en portent pas.

Des chaussures pour l'été.

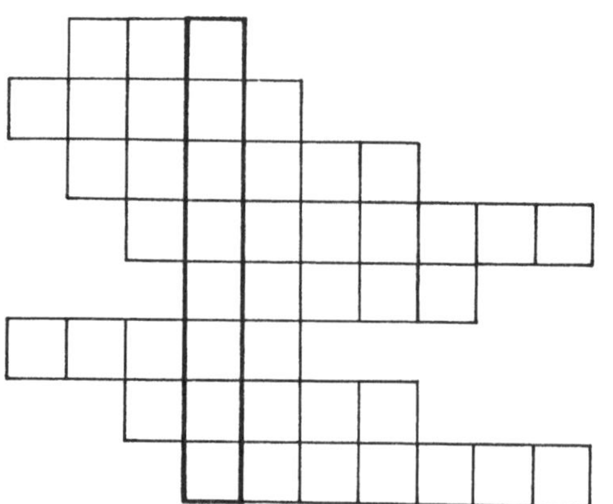

Objectif: connaître les noms des vêtements en anglais.

A l'école

Ecris, dans le dessin, les numéros qui correspondent aux mots de vocabulaire.

1 the classroom *la classe*	**6** the cupboard *l'armoire*	**11** the child *l'enfant*	**16** the book *le livre*
2 the teacher *le maître*	**7** the desk *le banc*	**12** the pen *le stylo*	**17** the plant *la plante*
3 the blackboard *le tableau*	**8** the chair *la chaise*	**13** the pencil *le crayon*	**18** the clock *l'horloge*
4 the door *la porte*	**9** the boy *le garçon*	**14** the ruler *la règle*	**19** the satchel *le cartable*
5 the window *la fenêtre*	**10** the girl *la fille*	**15** the rubber *la gomme*	**20** the chalk *la craie*

Objectif: connaître les mots anglais en rapport avec l'école.

Chez le boulanger et le fromager

Relie les dessins des commerçants aux mots qui se rapportent à eux.

the baker •
le boulanger

the dairy•
la crémerie

the biscuit•
le biscuit

the egg•
l'œuf

the butter•
le beurre

the bread•
le pain

the ice-cream•
la crème glacée

the cake•
le gâteau

the cheese•
le fromage

the roll•
le petit pain

• the bakery
la boulangerie

•the cheese-maker
le fromager

•the cream
la crème

•the milk
le lait

•the bottle of milk
la bouteille de lait

•the cow
la vache

•the flan
le flan

•the croissant
le croissant

•the buttermilk
le babeurre

•the yoghurt
le yaourt

Objectif: connaître les mots de vocabulaire en rapport avec la boulangerie et la fromagerie.

Les pièces de la maison

Noircis la case qui correspond à la définition.

C'est le paradis des souris.
- [ ] the bedroom
- [ ] the drawing room
- [x] the cellar

Le chien y court en liberté.
- [x] the garden
- [ ] the kitchen
- [ ] the bathroom

Maman y prépare un gâteau.
- [ ] the cellar
- [x] the kitchen
- [ ] the dining room

Je m'y lave.
- [ ] the attic
- [ ] the garden
- [x] the bathroom

Il y a six chaises et une table.
- [x] the dining room
- [ ] the bedroom
- [ ] the bathroom

Papa y est assis au coin du feu.
- [ ] the garden
- [ ] the bathroom
- [x] the drawing room

J'y découvre de vieux objets.
- [ ] the garden
- [x] the attic
- [ ] the dining room

J'y fais de beaux rêves.
- [x] the bedroom
- [ ] the bathroom
- [ ] the kitchen

Objectif: connaître le nom des différentes pièces de la maison en anglais.

Mon corps

Place, dans le dessin, les numéros correspondant aux mots de vocabulaire.

1 the head *(la tête)*
2 the hair *(les cheveux)*
3 the eye *(l'œil)*
4 the ear *(l'oreille)*
5 the nose *(le nez)*
6 the mouth *(la bouche)*
7 the finger *(le doigt)*
8 the neck *(le cou)*
9 the trunk *(le tronc)*
10 the arm *(le bras)*
11 the hand *(la main)*
12 the leg *(la jambe)*
13 the foot *(le pied)*

Ecris, en anglais, à quelle partie du corps te font penser ces mots.

le dentifrice: ....
les chaussures: ....
les gants: ....
l'oculiste: ....
le coiffeur: ....
l'écharpe: ....

Réponds aux questions suivantes en anglais.

How many arms do you have? ....
Is your hair long or short? ....
How many fingers do you have? ....
How tall are you? ....
How many hands do you have? ....
How many teeth do you have? ....

Objectif: connaître les noms anglais des différentes parties du corps.

Faisons les courses

Relie les noms des commerçants à ce qu'ils vendent.

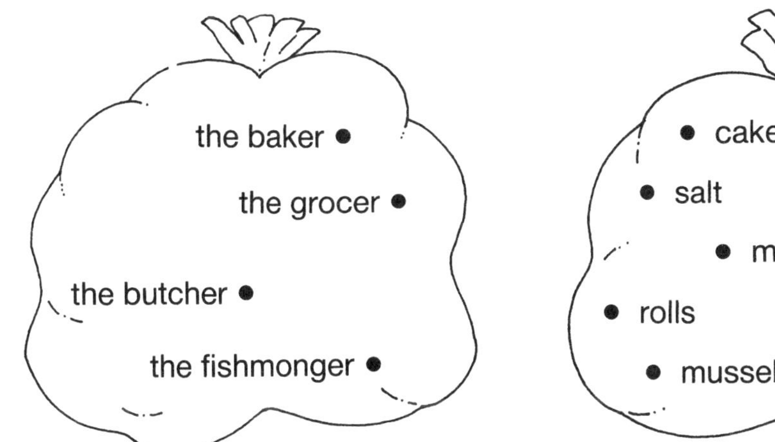

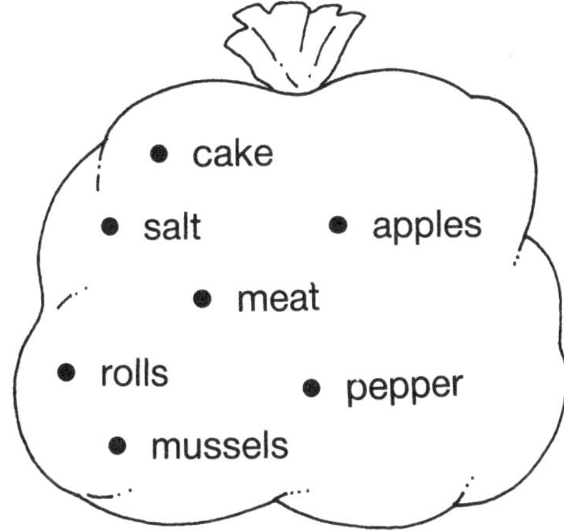

Etablis, en anglais, les menus de cette semaine.
(repas principal: potage et/ou entrée, plat, dessert, boissons)

Monday ....
Lundi ....

Tuesday ....
Mardi ....

Wednesday ....
Mercredi ....

Thursday ....
Jeudi ....

Friday ....
Vendredi ....

Saturday ....
Samedi ....

Sunday ....
Dimanche ....

Objectif: connaître assez de noms d'aliments en anglais pour établir un menu.

Le calendrier

Remets de l'ordre dans ce calendrier en numérotant correctement les mois de l'année.

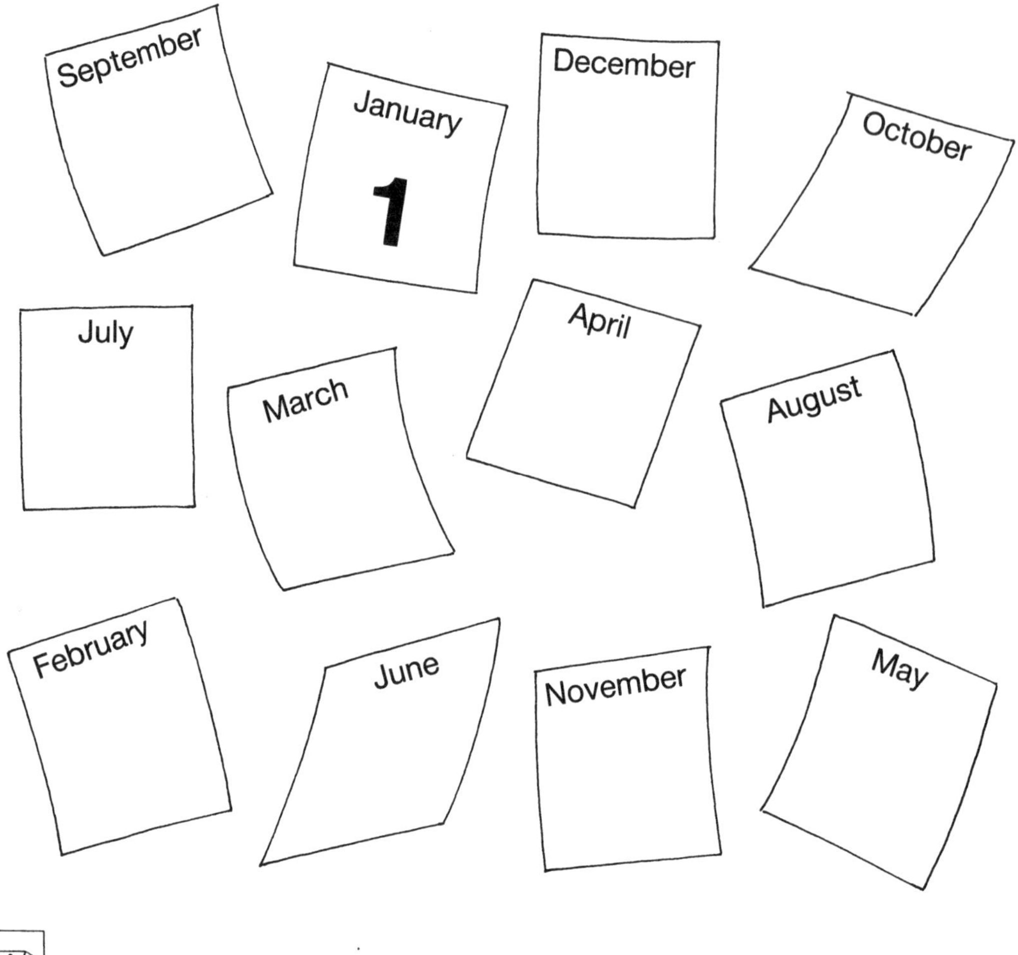

September
January
1
December
October
July
April
March
August
February
June
November
May

Ecris les dates suivantes en anglais.

Pâques: ....
La fête de Noël: 25 ....
La fête du travail: ....
Le jour de ton anniversaire: ....
Le premier jour de l'année: ....
Le jour de la rentrée des classes: ....
Le début des grandes vacances: ....

Objectif: savoir écrire les dates en anglais.

Beaucoup de fruits

Ecris en anglais ce que tu vois sur les dessins. On forme le pluriel des noms en ajoutant un "s" au singulier.

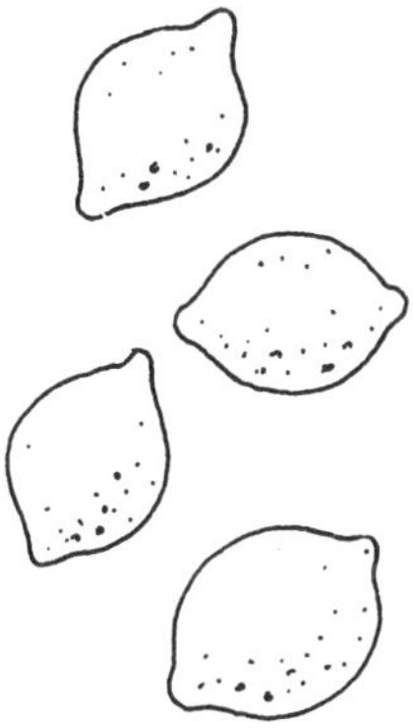

three pears

....

....

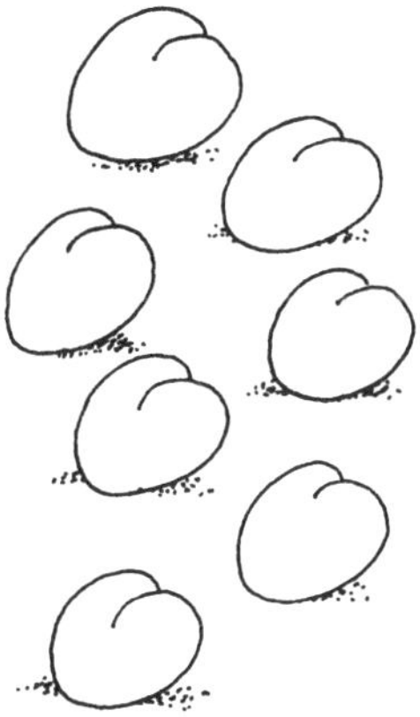

....

eight cherries ......

....

....

....

Objectif: connaître le nom des fruits et le pluriel des noms en anglais.

Mots croisés

Chaque dessin porte un numéro qui correspond à celui de la grille. Inscris-y, en anglais, les mots que tu as trouvés.

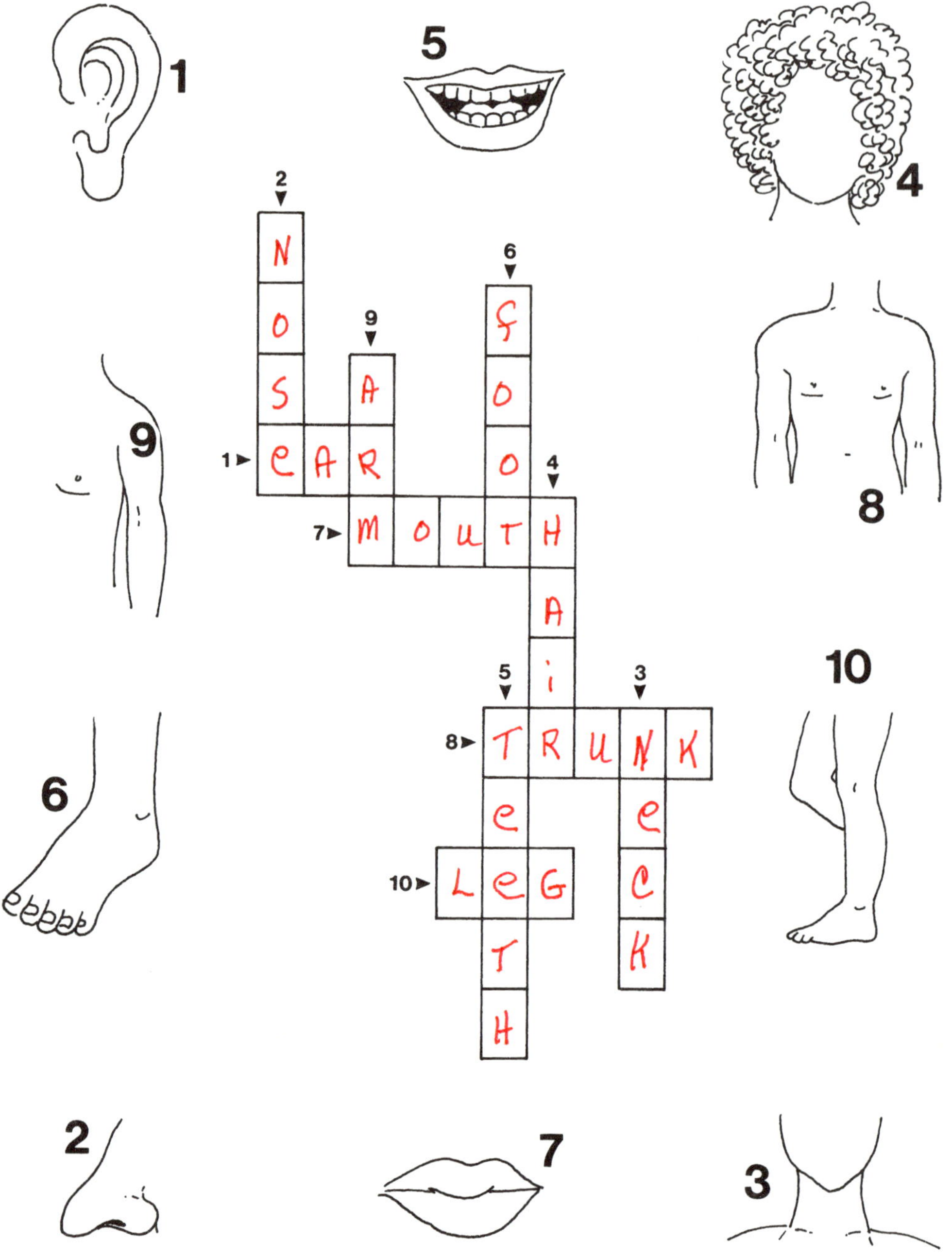

Objectif: connaître le nom des différentes parties du corps en anglais.

Je bois et je mange

Complète par "a cup" *(une tasse)*, "a glass" *(un verre)*, "a bottle" *(une bouteille)*. Ecris toutes les solutions possibles.

.... of milk

.... of beer

.... of coffee

De quoi as-tu besoin pour préparer ces plats?

Un bon potage julienne:

....

Un délicieux gâteau:

....

Barre les éléments qui n'appartiennent pas à l'ensemble.

Ce que j'achète à la poissonnerie.

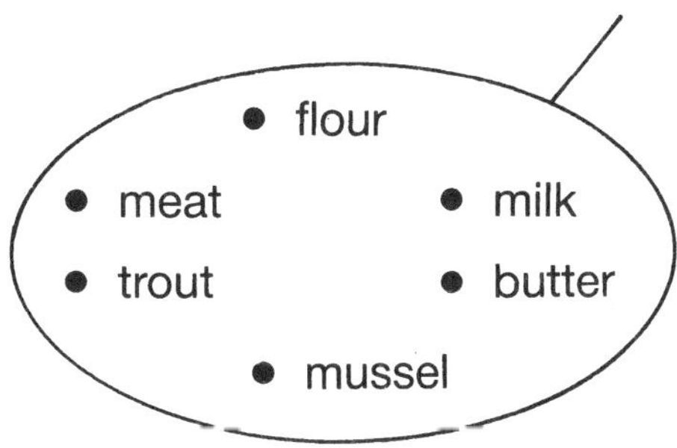

Objectif: connaître le nom des aliments.

Lire, écrire et calculer

Peux-tu lire ce texte et le comprendre?

The students *(les élèves)* are in the classroom. The teacher *(le professeur)* writes *(écrit)* on the blackboard. The children calculate *(comptent)* and write in an exercise book *(cahier)*.

Les lettres des mots ont été mélangées; reconstitue les mots en t'aidant des dessins. Relie les mots aux dessins correspondants.

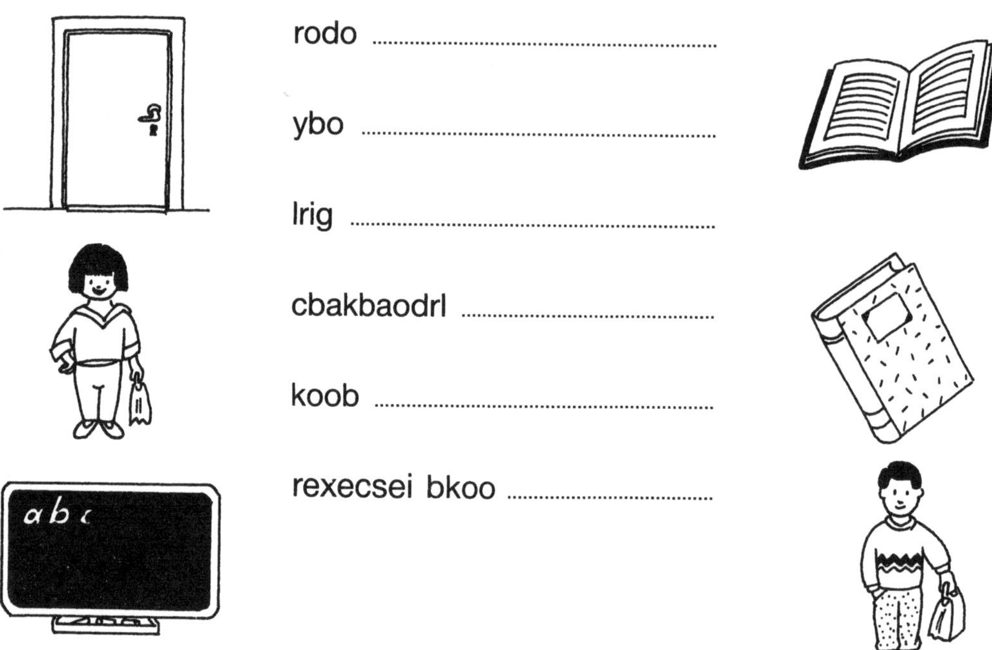

Elimine ce qui ne convient pas.

I can - I cannot write.
I can - I cannot read *(lire)*.

I like to write - to calculate.
I am a girl - a boy.

Objectif: comprendre un petit texte en anglais.

Devant - derrière - dedans - dehors

Complète par "in front of" *(devant)* ou "behind" *(derrière)*.

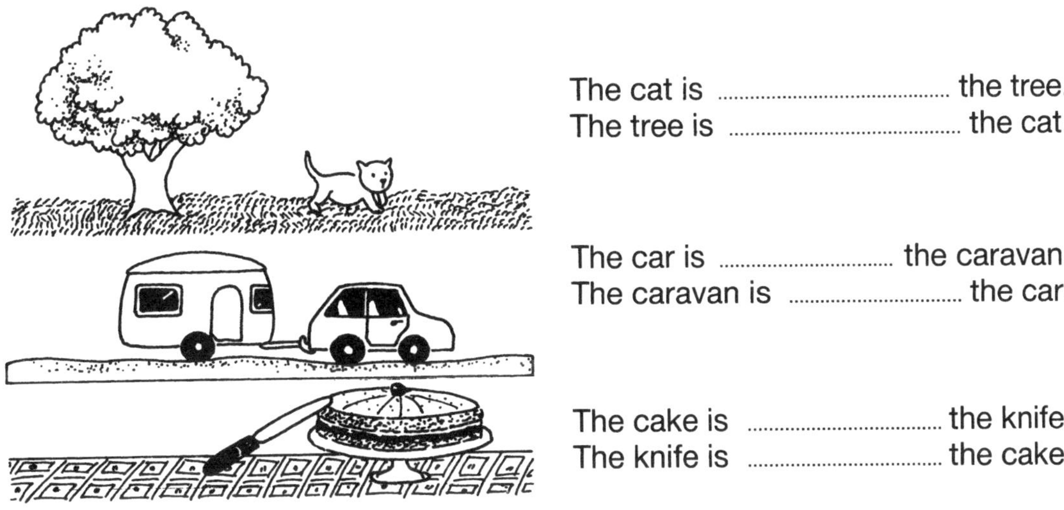

The cat is .... the tree.
The tree is .... the cat.

The car is .... the caravan.
The caravan is .... the car.

The cake is .... the knife.
The knife is .... the cake.

Complète par "inside" *(à l'intérieur)* ou "outside" *(dehors)*.

The boy is ....
The girl is ....

The baby is ....

The dog is ....

The children are ....

Objectif: savoir utiliser les mots "in front of", "behind", "inside" et "outside".

Une tasse ou un verre?

Relie et forme des expressions comme dans l'exemple.

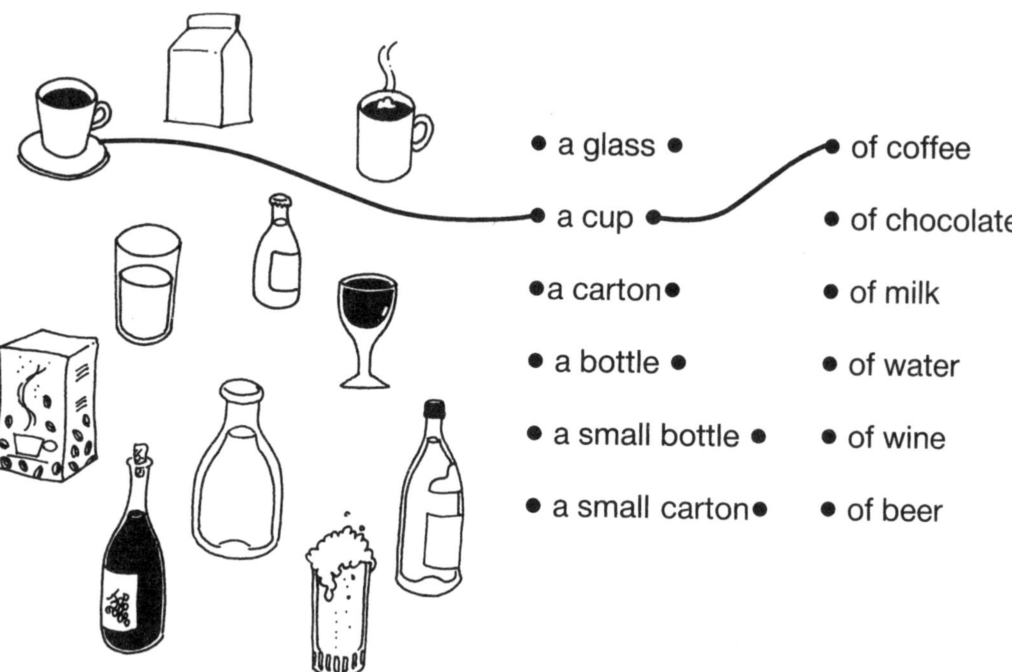

Ecris en anglais ce que tu bois.

Le matin: ....

A midi: ....

Le soir: ....

Objectif: connaître et utiliser les noms de différentes boissons.

Encore des nombres

Relie les nombres du plus petit au plus grand.

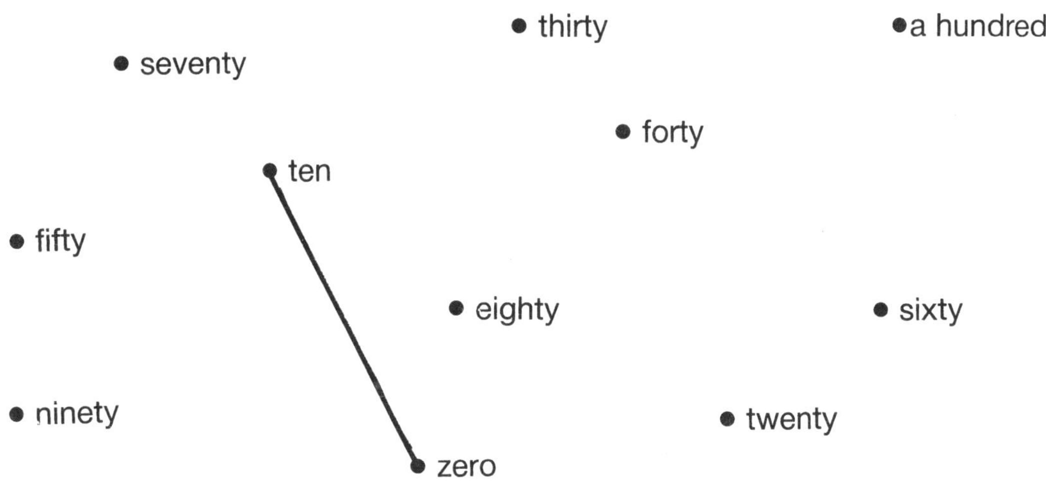

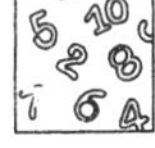

Tu peux lire en anglais l'âge de ces différents personnages. Ecris leur âge en chiffres.

Objectif: connaître les nombres en anglais.

Etre ou avoir?

Complète les phrases par le verbe "to be" ou "to have", conjugué au présent.

You .... in the train.
We .... a cat.
I .... an apple.
The dog .... on the table.
I .... on holiday *(en vacances)*.
He .... at the sea.
She .... ill *(malade)*.
You .... kind *(gentil)*.
Anne .... a skirt.
Mark and Peter .... a bicycle *(vélo)*.

Relie et forme des phrases.

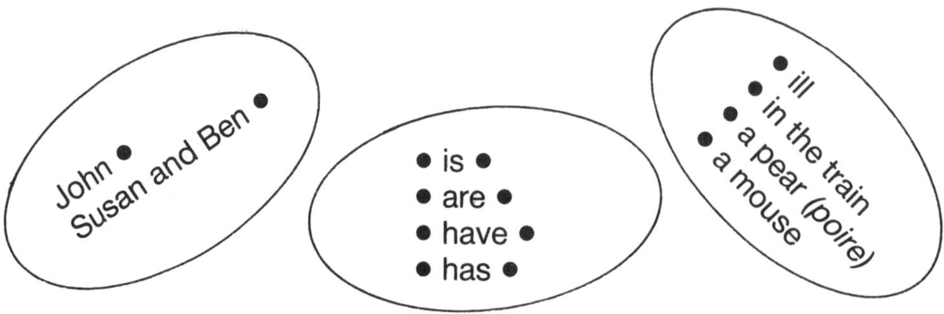

Objectif: savoir utiliser les verbes "to be" et "to have" à bon escient.

Ma classe

Noircis la case qui correspond à la définition.

Permet d'écrire.
☐ the pencil
☐ the child
☐ the chair

J'y écris mes devoirs.
☐ the girl
☑ the exercise book
☐ the boy

Je m'y assieds.
☐ the teacher
☑ the chair
☐ the rubber

Le maître y écrit à la craie.
☐ the desk
☑ the blackboard
☐ the cupboard

Remets chaque fois les lettres dans l'ordre pour former un mot et dessine ce que représente ce mot.

burbre ....

pcudabor ....

rhiac ....

epnlic ....

kdes ....

ashctle ....

Objectif: connaître le vocabulaire relatif à l'école.

Mon menu préféré

Numérote les plats de ce menu dans le bon ordre.

- ☐ cauliflower and potatoes
- ☐ coffee and milk
- ☐ tomato soup
- ☐ fruitcake
- ☐ wine
- ☐ salad and pâté

Barre maintenant ce qui est inutile à ce menu.

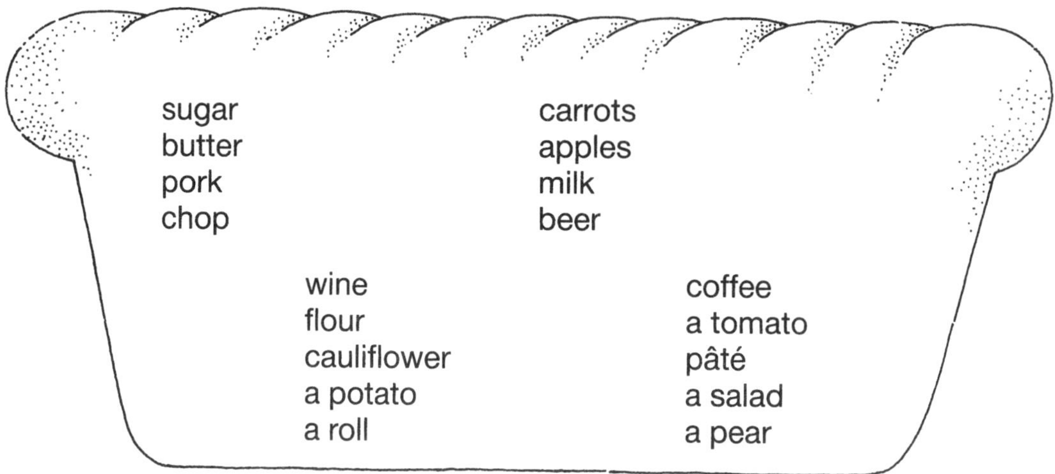

Compose ton menu préféré en anglais.

Boisson: ....

Entrée: ....

Potage: ....

Plat principal: ....

Dessert: ....

Aimes-tu manger ceci? Potatoes and trout: yes-no.

Objectif: utiliser le nom des aliments en anglais.

Les saisons

Relie les phrases aux bonnes saisons.

Les hirondelles reviennent • Spring
Joyeux Noël • Winter
Vive les vacances • Summer
Nous avons fêté le carnaval • Winter
Quelle chaleur • Summer
J'ai ramassé vingt marrons • Autumn
C'est la rentrée scolaire • Autumn
Je vois des agneaux dans la prairie • • Spring
Oh, la belle neige • Winter
Les poires sont mûres • Summer
Ce matin, le lac est gelé • Winter
Il fait clair très tard • Summer
Bonne année • Winter
Poisson d'avril •
J'ai reçu des œufs de Pâques • Spring

• autumn

• spring

• winter

• summer

Vide le sac! Utilise toutes les syllabes pour former des noms de mois et de saisons. Ecris-les.

1 ....
2 ....
3 ....
4 ....
5 ....
6 ....
7 ....
8 ....

Objectif: connaître le nom des mois et des saisons en anglais.

Je compte jusqu'à 100

Compte par 10! Complète les nombres manquants.

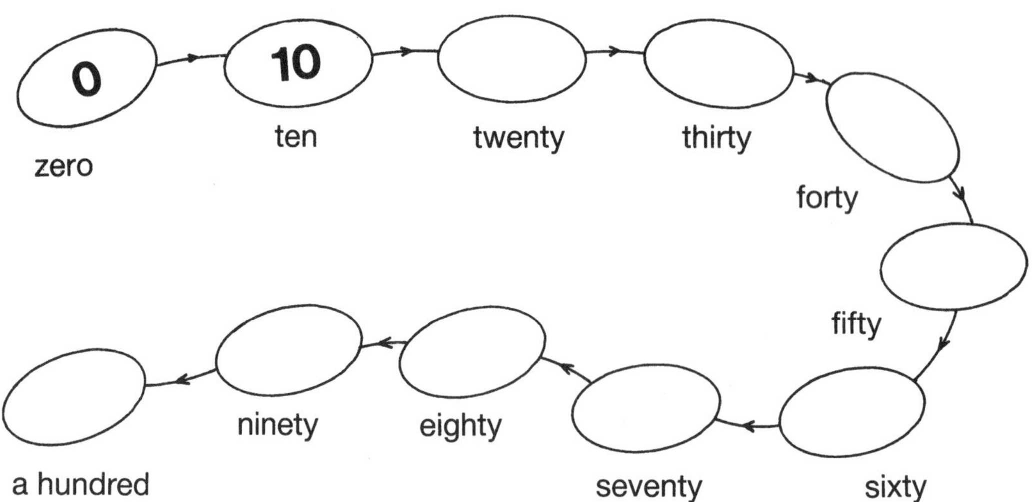

Fais tous les calculs. Ecris d'abord les résultats en chiffres ensuite en toutes lettres, en anglais.

20 + 40 = ... = ...

80 – 30 = ... = ...

90 + 10 = ... = ...

70 : 10 = ... = ...

30 + 10 = ... = ...

Ecris les nombres en anglais. L'exemple t'aidera.

69 = sixty-nine

22 = ...

63 = ...

82 = ...

24 = ...

88 = ...

98 = ...

29 = ...

Objectif: savoir écrire les nombres de 1 à 100 en anglais.

Les activités de maman

ɔs dans la grille, où maman

6

5

7

4

Objectif: découvrir le vocabulaire relatif à la maison.

Ce que nous consommons

Barre les intrus de ces deux ensembles.

Boissons

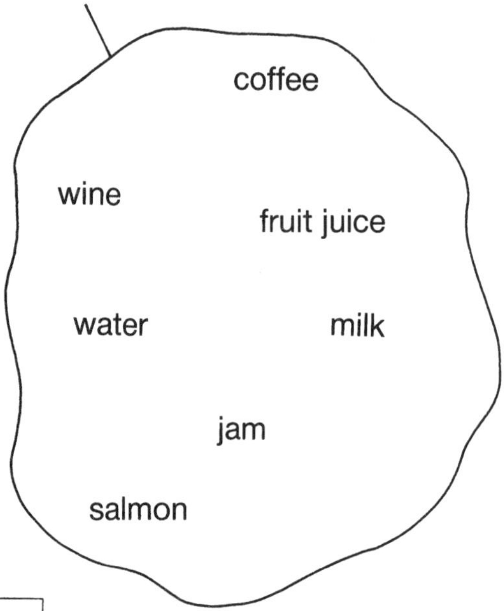

coffee
wine
fruit juice
water
milk
jam
salmon

S'achète chez le crémier.

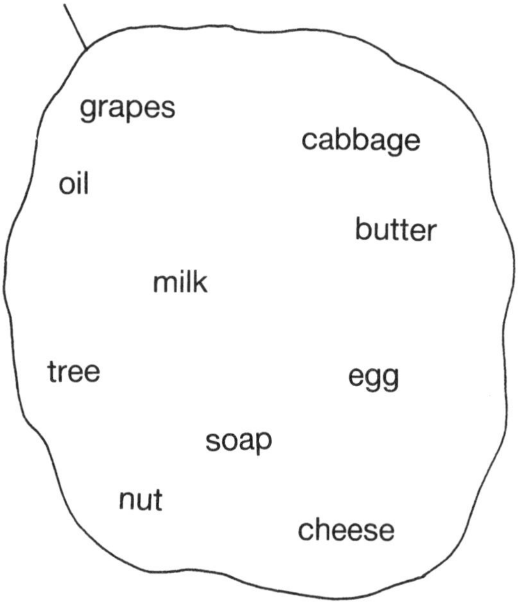

grapes
cabbage
oil
butter
milk
tree
egg
soap
nut
cheese

Peux-tu écrire en anglais?

8 noms de légumes: ....

8 noms de fruits: ....

5 aliments achetés chez le poissonnier: ....

4 aliments pouvant s'acheter à la boulangerie: ....

5 aliments s'achetant chez le boucher: ....

5 boissons: ....

10 aliments que tu trouves chez l'épicier: ....

Objectif: connaître les noms d'aliments en anglais.

Je me présente

Peux-tu fournir ces quelques renseignements?

My name is ....
Je m'appelle

I am .... years old.
J'ai ans.

I live in ....
J'habite à

My school is ....
Mon école est

My hobbies are ....
Mes passe-temps sont

I have .... brothers and .... sisters.
J'ai frères et sœurs.

I like to eat ....
J'aime bien manger

The names of my friends are ....
Mes amis s'appellent

Entoure la bonne réponse.

I am in the *Je suis en*	second (2nd) third (3rd) fourth (4th) fifth (5th) sixth (6th)	year *année*

I work well at school: yes – no
Je travaille bien à l'école: oui – non

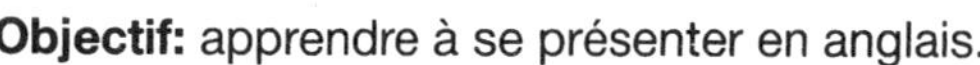

Objectif: apprendre à se présenter en anglais.

Sept jours

Dessine ce que tu fais les différents jours de la semaine.

Sunday = *dimanche*   Monday = *lundi*   Tuesday = *mardi*

Wednesday = *mercredi*   Thursday = *jeudi*

Friday = *vendredi*   Saturday = *samedi*

Mets les syllabes dans l'ordre pour former le bon mot. Ensuite, écris ce mot en français.

day - tur - Sa	....	....
day - Thurs	....	....
day - Tues	....	....
day - Sun	....	....
nes - Wed - day	....	....
day - Fri	....	....
day - Mon	....	....

Objectif: connaître le nom des jours de la semaine en anglais.

Le petit déjeuner

Indique dans le dessin le numéro correspondant aux mots suivants.

1 the table
la table

2 the chair
la chaise

3 the knife
le couteau

4 the fork
la fourchette

5 the spoon
la cuillère

6 the jam
la confiture

7 the cup
la tasse

8 the plate
l'assiette

9 the bottle
la bouteille

10 the glass
le verre

11 the egg
l'œuf

12 the cheese
le fromage

13 the butter
le beurre

14 the sugar
le sucre

15 the water
l'eau

16 the chocolate
le chocolat

17 the bread
le pain

18 the coffee
le café

19 the tea
le thé

20 the milk
le lait

Objectif: connaître le vocabulaire anglais relatif au petit déjeuner.

Les animaux à retrouver

Peux-tu reconnaître les animaux représentés? Ecris, à côté de chaque nom anglais, le nom correspondant en français.

1 a cat ....

2 a bird ....

3 a rabbit ....

4 a cock ....

5 a duck ....

6 a dog ....

7 a hen ....

8 a pig ....

9 a mouse ....

10 a fish ....

11 a horse ....

12 a sheep ....

Ecris, en anglais, le nom des animaux que tu aimerais avoir.

....

....

Objectif: connaître le nom anglais des animaux.

Un, deux, trois...

Ecris le nombre correct dans chaque case.

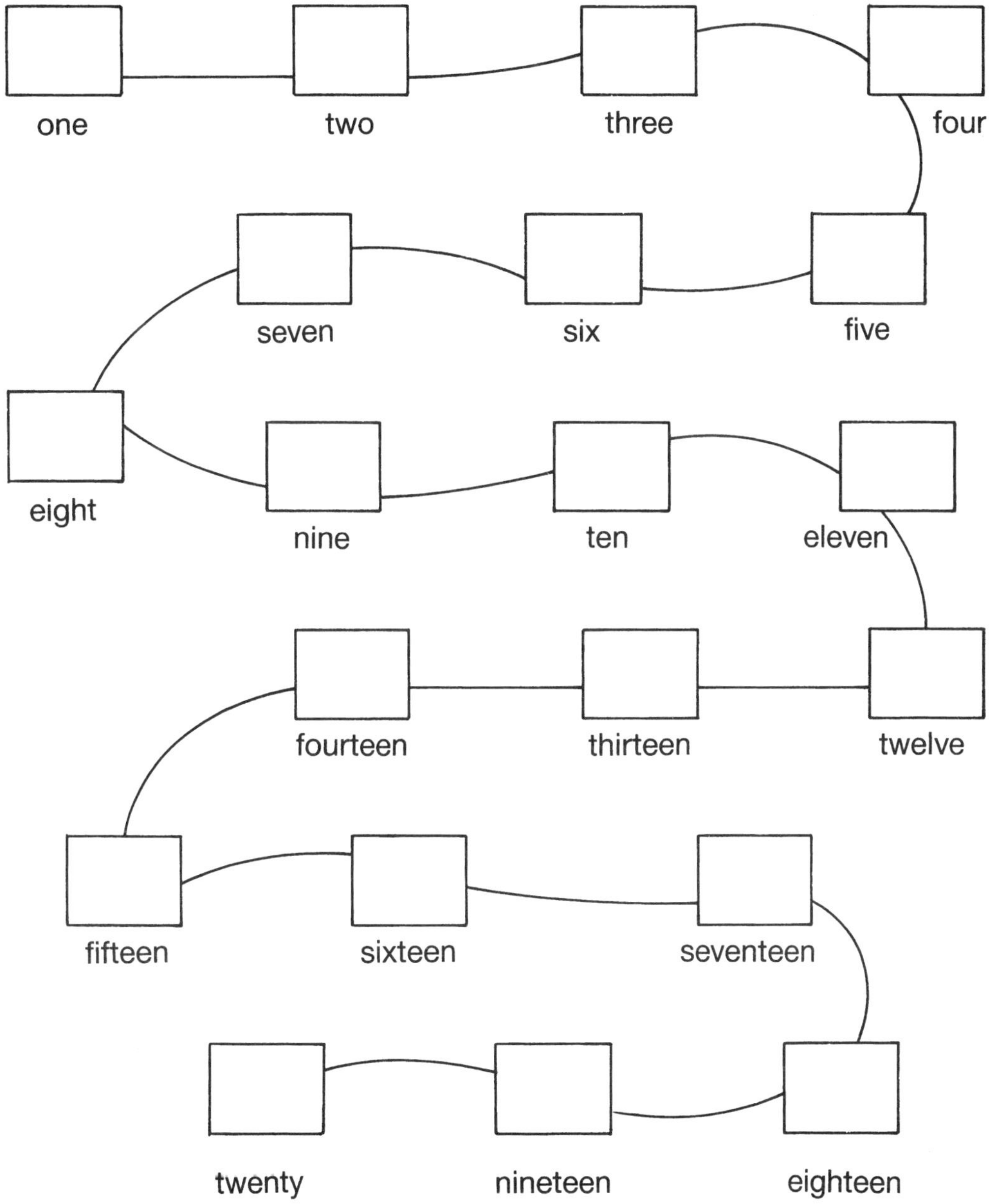

one
two
three
four
five
six
seven
eight
nine
ten
eleven
twelve
thirteen
fourteen
fifteen
sixteen
seventeen
eighteen
nineteen
twenty

Objectif: connaître les nombres de 1 à 20 en anglais.

Une semaine complète

Peux-tu indiquer les jours de la semaine qui manquent ci-dessous?

Monday	Tuesday	Wednesday	Thursday	Friday
lundi	*mardi*	....	....	....

Saturday	Sunday
....	....

Hier? Aujourd'hui? Demain? Complète ce tableau des jours.

Yesterday *Hier*	Today *Aujourd'hui*	Tomorrow *Demain*
....	Monday	....
Tuesday	....	....
....	....	Wednesday
Saturday	....	....
....	....	Friday
....	Saturday	....
....	....	Saturday
Monday	....	....

Objectif: connaître les jours de la semaine en anglais.

Que mangeons-nous?

Complète les phrases avec les mots proposés.

bread – milk – chair – jam –
sugar – table – cheese – cup

David sits at the ...., on a .... He eats .... and .... He also eats bread and .... He drinks a .... of coffee with .... and ....

Réponds aux questions par oui (yes) ou par non (no).

Do you eat bread and jam in the morning? ....
Manges-tu du pain et de la confiture le matin?

Do you eat bread and cheese in the morning? ....

Do you eat an egg in the morning? ....

Do you eat a bar of chocolate in the morning? ....

Do you eat bacon *(lard)* in the morning? ....

Do you drink coffee in the morning? ....
Bois-tu du café le matin?

Do you drink milk in the morning? ....

Do you drink water in the morning? ....

Do you drink tea in the morning? ....

Objectif: connaître les mots anglais se rapportant au petit déjeuner.

Au bord de la mer

Lis attentivement l'histoire. Inscris sur le dessin le numéro qui correspond à la phrase.

1 The sun is shining. There are no clouds.
Le soleil brille. Il n'y a pas de nuages.

2 Mummy is lying on the beach, under a parasol.
Maman est couchée sur la plage, sous un parasol.

3 Daddy is sitting in a chair. He is reading a book.
Papa est assis dans un fauteuil. Il lit un livre.

4 Two children are playing with a ball.
Deux enfants jouent avec une balle.

5 Neil is playing in the water. He is holding a fish.
Neil joue dans l'eau. Il prend un poisson.

6 A dog is running in the dunes.
Un chien court dans les dunes.

7 A man is sitting in a boat. He is fishing.
Un homme est assis dans un bateau. Il pêche.

Objectif: connaître le vocabulaire anglais relatif à la plage.

Des animaux en mots croisés

Tu trouveras un chiffre à côté de chaque dessin. Ecris dans la grille ce à quoi correspond chaque dessin.

Objectif: connaître le nom des animaux en anglais.

Où cela se trouve-t-il?

Regarde l'objet désigné par une flèche. Indique où il se trouve: in *(dans)*, under *(sous)*, on *(sur)*.

....

....

Peux-tu dessiner ce qui est décrit ci-dessous?

a boat on the sea

a mouse under the chair

a ball in the sea

a book on the table

Objectif: connaître les prépositions 'in', 'under' et 'on'.

Les couleurs

Colorie les cases selon les indications.

☐ green – *vert*	☐ white – *blanc*	☐ brown – *brun*
☐ red – *rouge*	☐ black – *noir*	☐ purple – *violet*
☐ yellow – *jaune*	☐ grey – *gris*	☐ pink – *rose*
☐ blue – *bleu*	☐ orange – *orange*	☐ beige – *beige*

Colorie les dessins selon les couleurs indiquées.

red
yellow

blue
white
brown
green
pink

yellow
purple
black
white

Mélange les couleurs. Noircis la case qui te donne le résultat.

yellow and blue
☐ black
☐ green
☐ grey

red and blue
☐ brown
☐ purple
☐ green

yellow and red
☐ orange
☐ pink
☐ brown

Objectif: connaître le nom des couleurs en anglais.

Des nombres en mots croisés

Complète cette grille de mots croisés en écrivant, en anglais, le nombre indiqué dans le sens de la flèche.

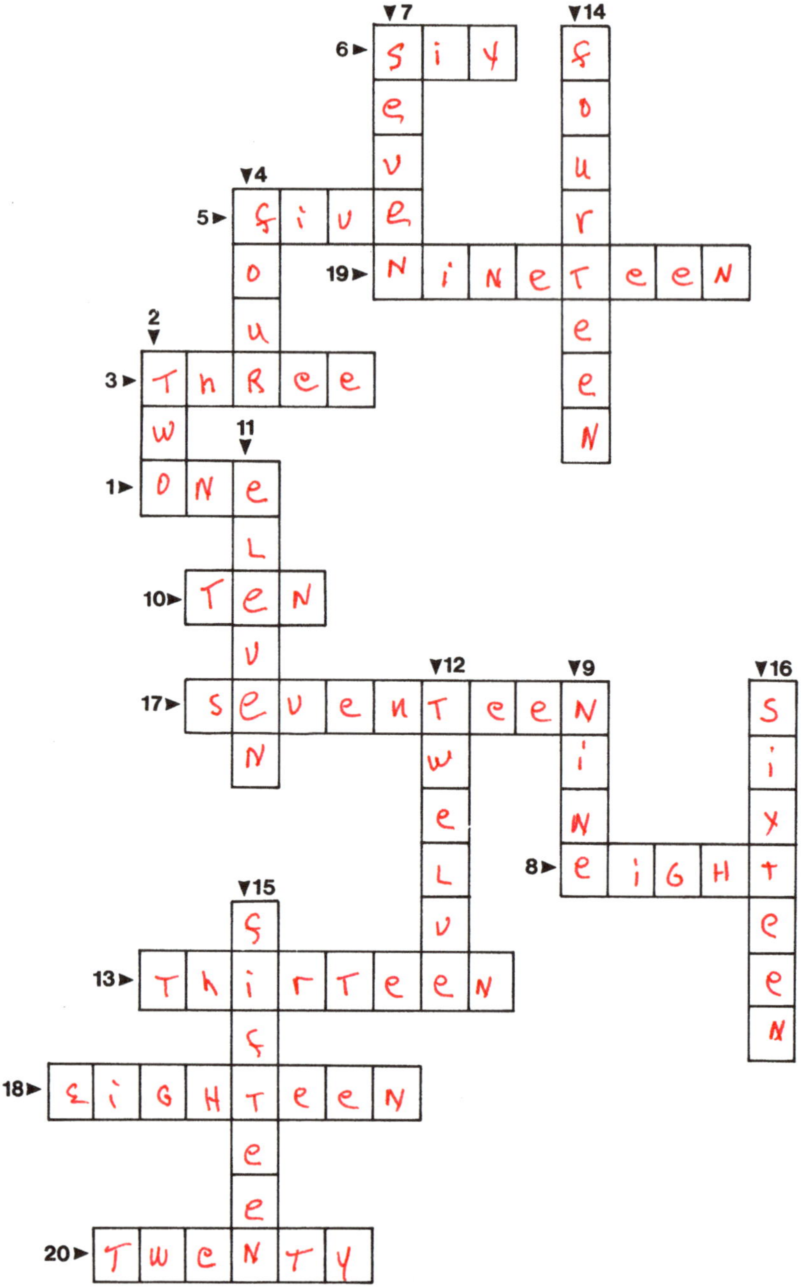

6► ▼7 ▼14 ▼4 5► 19► 2▼ 3► 11▼ 1► 10► ▼12 ▼9 ▼16 17► 8► ▼15 13► 18► 20►

Objectif: connaître l'orthographe des nombres en anglais.

On cherche...

Que cherche Paul?

Paul finds a ...., a ....

and a ....

Souligne l'intrus dans chaque colonne.

the sun	the dog	the water	the boat
the sand	the knife	the milk	the beach
the dunes	the cup	the tea	the sea
the cow	the glass	the sugar	the school

Objectif: exercice de vocabulaire.

Est-ce correct?

Barre les mots qui n'appartiennent pas à l'ensemble indiqué.

Ce qui se mange

a school
a spoon
a book
bread
coffee
sugar
cheese
butter

Ce qui se boit

a dog
milk
a bottle
chocolate
water
a knife
coffee
a cup

Ce qui ne se mange pas

sugar
a fork
a spoon
a knife
a bottle
an egg
bread

Ce qui ne se boit pas

water
coffee
milk
chocolate
a glass
a spoon
a cup

Noircis la case de l'intrus dans chaque colonne.

□ bread	□ coffee	□ butter	□ tea
□ a cup	□ milk	□ a spoon	□ bread
□ cheese	□ a fork	□ a knife	□ milk

Objectif: établir des ensembles de réalités.

Des mots cachés

Retrouve les noms des jours cachés dans cette grille. Colorie-les, puis recopie-les en bas de page.

	A	B	C	D	E	F	G	H	I	J
1	B	M	J	I	S	L	N	M	O	Q
2	R	O	W	T	P	W	O	L	Y	V
3	D	N	M	N	O	E	Q	W	V	S
4	G	D	F	R	I	D	A	Y	A	A
5	Z	A	P	A	B	N	F	X	T	T
6	X	Y	V	C	D	E	M	Z	D	U
7	Y	D	T	U	E	S	D	A	Y	R
8	T	H	U	R	S	D	A	Y	S	D
9	C	V	D	L	J	A	J	N	G	A
10	S	U	N	D	A	Y	Z	M	B	Y

J'ai trouvé:
en 4: ....
en 7: ....
en 8: ....

en 10: ....
en B: ....
en F: ....
en J: ....

Objectif: retrouver des mots anglais cachés dans une grille.

Combien y en a-t-il?

Ecris en anglais, et en toutes lettres, le nombre d'objets représentés dans chaque groupe.

two

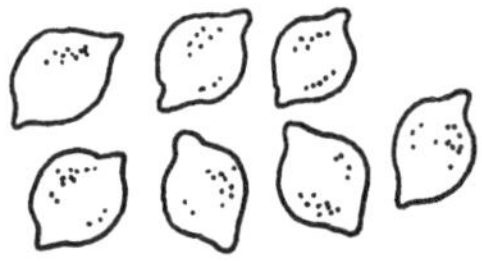

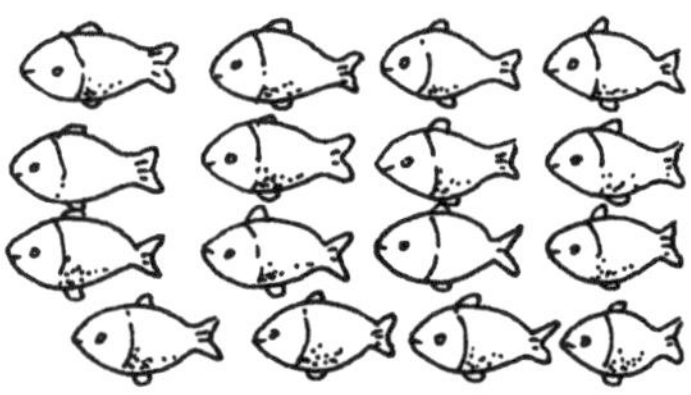

Objectif: connaître l'orthographe des nombres de 1 à 20 en anglais.

Les lettres disparues

Des lettres de ces noms d'animaux ont disparu. Retrouve-les et écris les noms en entier.

b . r . ...

h . n ....

. o . ...

. . t ....

d . . ..

. o . . e ....

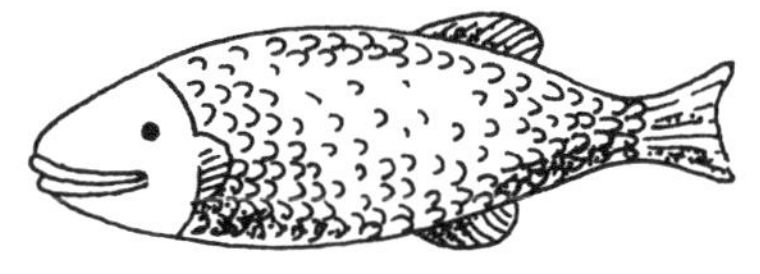

f . s . ...

. . b . i . ...

c . . k ....

d . . k ....

Objectif: retrouver des mots à partir de quelques lettres.

Le calendrier

Mon calendrier est tombé et les feuillets se sont mélangés. Remets de l'ordre en commençant par le lundi 1.

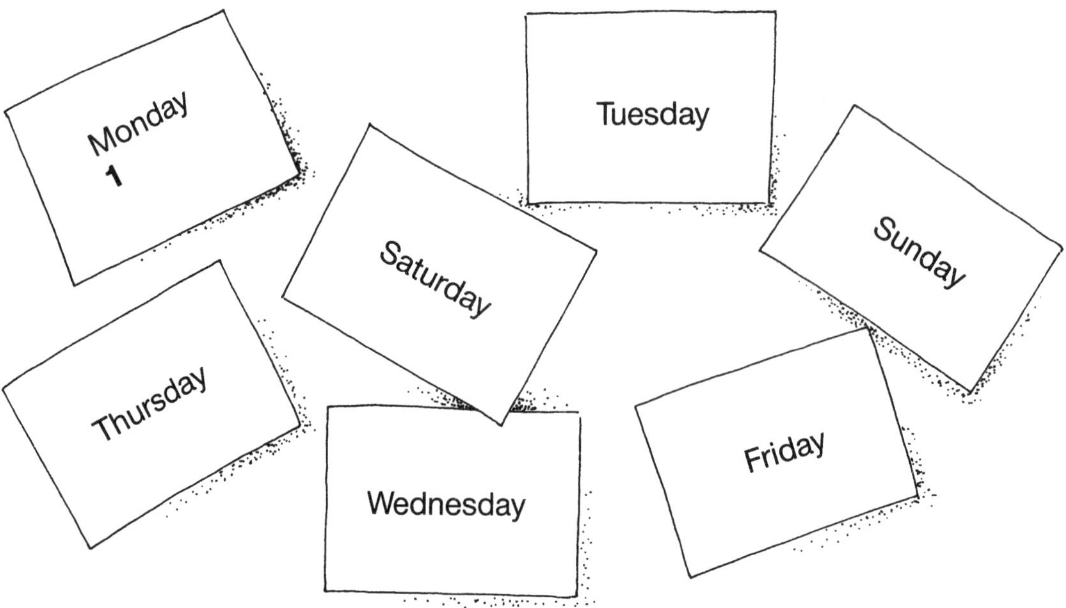

Complète par le nom du jour.
July = *juillet*, August = *août*

TUESDAY
3
JULY

....
5
JULY

....
8
JULY

....
10
JULY

....
18
AUGUST

....
21
AUGUST

....
25
AUGUST

SUNDAY
31
AUGUST

Objectif: connaître les jours de la semaine en anglais.

Les dessins

Complète les ensembles par des dessins semblables au modèle.

three	seven
eight	six
twelve	four
ten	twenty

Objectif: reconnaître des nombres en anglais.

Noms d'animaux

Rends son nom à chaque animal et écris-le sous chaque dessin selon les indications fournies ci-dessous.

The name of the dog is Rusty.
The name of the rabbit is Fred.
The name of the cock is Willy.
The name of the fish is Bob.
The name of the cat is Felix.
The name of the bird is Apollo.
The name of the hen is Tic.
The name of the horse is Joe.
The name of the mouse is Mick.
The name of the cow is Rose.
The name of the duck is Ronald.

....

....

....

....

....

....

....

....

....

....

....

Objectif: connaître le nom anglais des animaux.

Mots croisés

Trouve la traduction anglaise de ces mots et complète cette grille de mots croisés.

1. sucre
2. pain
3. beurre
4. thé
5. table
6. eau
7. fromage
8. œuf
9. verre
10. chaise
11. fourchette
12. cuillère
13. couteau
14. chocolat
15. café
16. confiture

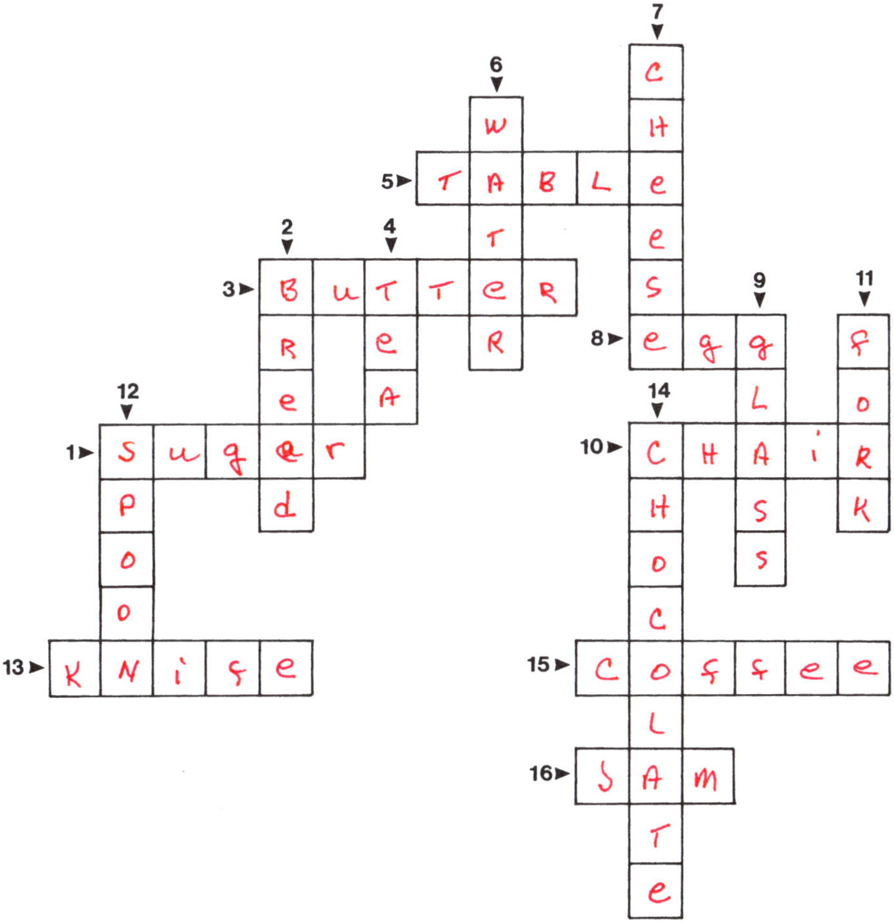

Objectif: savoir traduire en anglais des mots se rapportant au petit déjeuner.

Des mots et des phrases

Dessine ce à quoi correspond chaque mot anglais et donnes-en la traduction française sous ton dessin.

the sun	the chair	the sea
....	....	....
the clouds	the child	the boat
....	....	....
the fish	the beach	the dunes
....	....	....

Forme de nouvelles phrases anglaises en reliant correctement ces groupes de mots. Ensuite, écris les phrases que tu as trouvées.

The dog is running •	• on the beach.
The children are running •	• in the dunes.
Mummy is lying •	• in a chair.
Daddy is sleeping •	• in a bed.

1. ....
2. ....
3. ....
4. ....

Objectif: comprendre le sens de mots anglais se rapportant aux vacances.

Les animaux

Barre les animaux qui ne correspondent pas à la définition.

Ils mangent de l'herbe.

the sheep
the mouse
the horse
the fish
the cow
the rabbit
the dog

Ils volent.

the cat
the duck
the cow
the dog
the bird
the horse
the sheep

Ils ont 4 pattes.

the dog
the rabbit
the horse
the hen
the cock
the fish
the cow

Deux animaux, sur les trois de chaque colonne, ont un point commun.
Noircis la case de l'intrus!

☐ the hen	☐ the fish	☐ the sheep	☐ the dog
☐ the cat	☐ the sheep	☐ the cow	☐ the cat
☐ the cock	☐ the duck	☐ the cat	☐ the bird

Objectif: reconnaître le nom des animaux en anglais.

Je compte de 1 à 20

Reconstitue les nombres suivants et écris les mots puis les nombres correspondants.

th . . .	three	3
s . . en	....	☐
. in .	....	☐
t . el . .	....	☐
f . . t . . n	....	☐
t . n	....	☐
s . . ent . . n	....	☐
. . ght	....	☐
f . . r	....	☐
e . g . t . . n	....	☐
. . ent .	....	☐
f . . rt . . n	....	☐
. . ne . ee .	....	☐
s . .	....	☐
e . . ve .	....	☐
th . . t . .n	....	☐
. . ve	....	☐

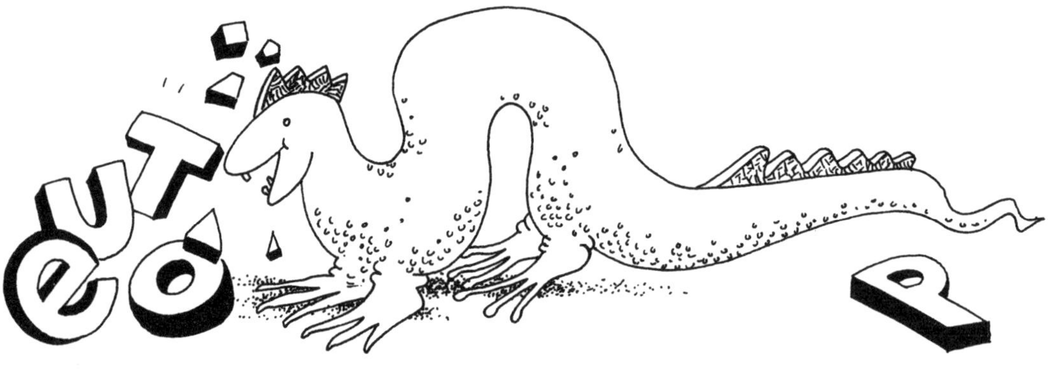

Objectif: connaître les nombres en anglais.

Les couleurs

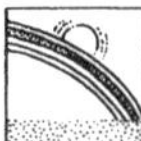

Retrouve les noms des couleurs et écris-les. Colorie ensuite chaque série de blocs dans sa couleur.

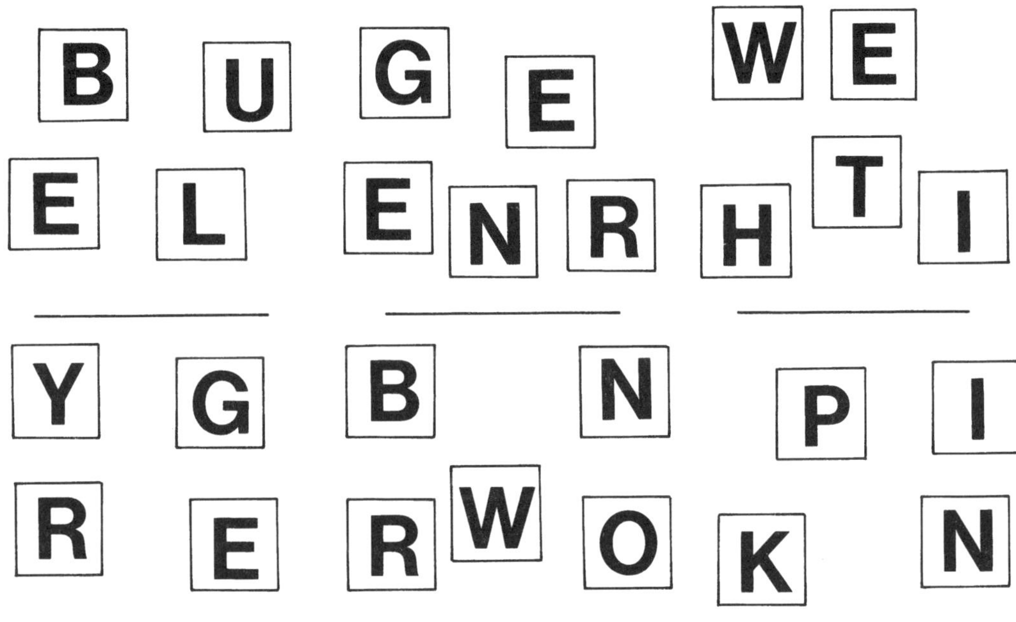

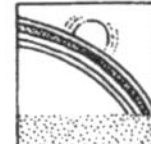

Coupe correctement la chaîne des lettres et colorie chaque mot retrouvé dans sa couleur.

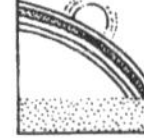

Complète le nom des couleurs et colorie chaque pot dans sa couleur.

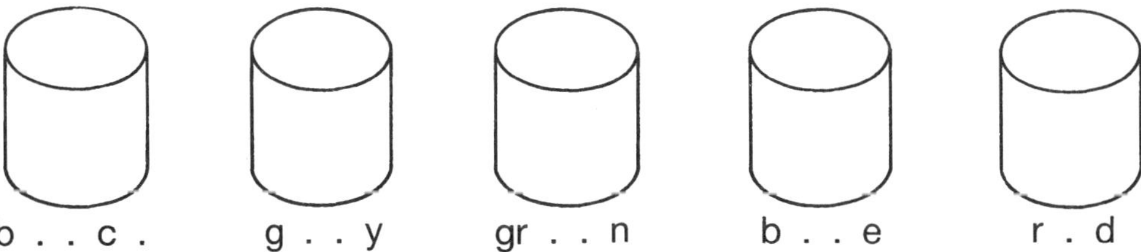

b . . c .   g . . y   gr . . n   b . . e   r . d

Objectif: connaître les couleurs en anglais.

Mon emploi du temps

Voici mon programme pour cette semaine. Relie chaque jour à l'activité correspondante.

Monday Tuesday Wednesday

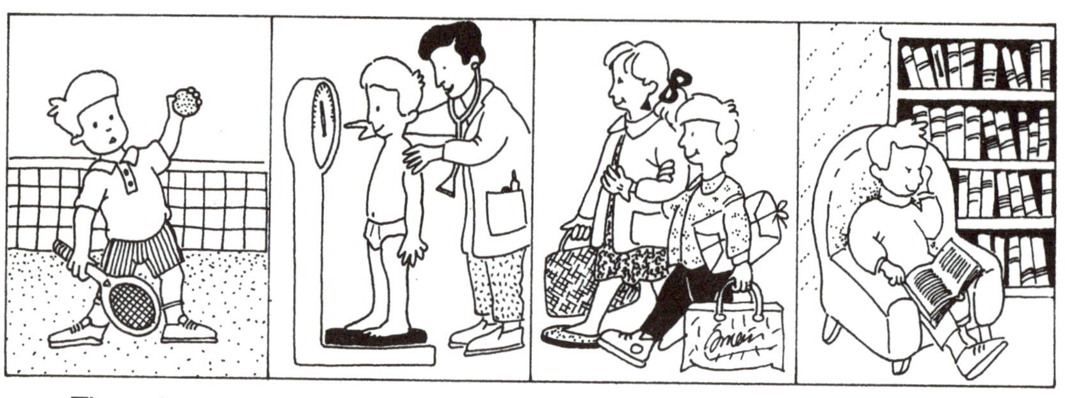

Thursday Friday Saturday Sunday

Monday •	• aller nager
Sunday •	• jouer au tennis
Thursday •	• aller chez le médecin
Friday •	• jouer au basket
Wednesday •	• faire des achats
Saturday •	• jouer au football
Tuesday •	• aller à la bibliothèque

Objectif: connaître les jours de la semaine en anglais.

Une grille de mots

Ecris-les ensuite au bas de la page.

	A	B	C	D	E	F	G	H
1	G	R	C	O	C	K	W	R
2	H	Z	C	A	T	A	B	A
3	C	O	W	C	D	E	F	B
4	V	G	H	I	H	E	N	B
5	D	U	C	K	O	J	K	I
6	W	L	M	F	R	N	O	T
7	X	P	Q	I	S	R	S	T
8	M	O	U	S	E	U	V	W
9	Y	X	Y	H	Z	D	O	G

J'ai trouvé ces animaux:

en 1: ....

en 2: ....

en 3: ....

en 4: ....

en 5: ....

en 8: ....

en 9: ....

en D: ....

en E: ....

en H: ....

Objectif: retrouver des noms d'animaux en anglais.

Elle ou il?

Complète par 'he', 'she' ou 'they'. Ensuite, relie chaque sujet au bon verbe.

He = *il*: 3e personne du singulier, masculin
She = *elle*: 3e personne du singulier, féminin
They = *ils, elles*: 3e personne du pluriel, masculin et féminin

.... run  .... runs  .... runs  .... run

.... sing  .... sings  .... sing  .... sings

.... drink  .... drinks  .... drink  .... drinks

they •
she •
they •
he •

• drinks
• drink
• eats
• eat

Objectif: connaître la différence entre 'he', 'she' et 'they'.

Possible ou impossible?

Noircis la case qui indique la définition exacte.

a glass of milk

- □ une bouteille de lait
- □ un verre d'eau
- □ un verre de lait

a bottle of water

- □ une bouteille de lait
- □ une tasse de café
- □ une bouteille d'eau

a cup of tea

- □ une tasse de thé
- □ une tasse de café
- □ une bouteille d'eau

a glass of water

- □ un verre d'eau
- □ une bouteille d'eau
- □ un verre de lait

Indique si ces phrases sont possibles ou impossibles.

Mummy drinks a cup of tea. ....
The cat drinks fish. ....
The dog drinks water. ....
The bird eats bread. ....
The cat eats chocolate. ....
The bird eats a spoon. ....
Daddy eats bread. ....
The hen drinks coffee. ....

Dessine:

a dog under a table

a cat on a chair

Objectif: connaître des noms de boissons et d'aliments en anglais.

Vive les vacances

Trouve la traduction anglaise de ces mots et utilise-les pour compléter cette grille.

1. nuages
2. fauteuil
3. mer
4. juillet
5. balle
6. plage
7. cheval
8. soleil
9. courir
10. jouer
11. parasol
12. poisson
13. vacances
14. eau
15. été
16. août
17. dune
18. bateau

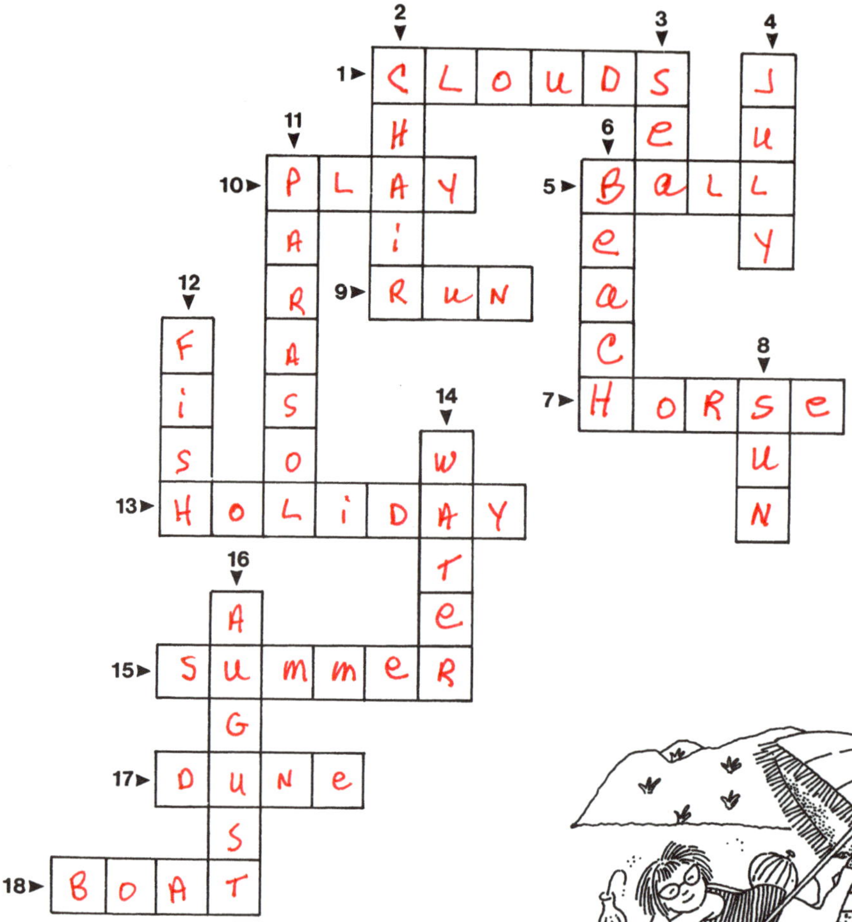

Objectif: connaître le vocabulaire relatif à la plage.

Devine

Chaque dessin évoque un animal. Lequel? Ecris-le en anglais.

	....		....
	....		....
	....		....
	....		....
	....		....
	....		....

Objectif: connaître le nom anglais des animaux.

Les moyens de transport

Inscris à côté de chaque dessin le numéro du moyen de transport correspondant.

1 the bus
le bus

2 the aeroplane
l'avion

3 the train
le train

4 the helicopter
l'hélicoptère

5 the car
la voiture

6 the boat
le bateau

7 the lorry
le camion

8 the motorbike
la moto

9 the bicycle
la bicyclette/le vélo

10 the underground train
le métro

Objectif: connaître les noms anglais des principaux moyens de transport

Les mots mystérieux

Complète les phrases suivantes:

The .... is shining in the ....

There is a lot of .... on the ....

Some children are making a .... Others are sliding on a ....

Many .... are racing down the ....

Replace dans le bon ordre les lettres contenues dans chaque sac pour découvrir des mots se rapportant à l'hiver.

N W O S

....

G D S L E E

....

G N I S D I L

....

K S S I R E

....

N E Z R F O

....

M W S A N O N

....

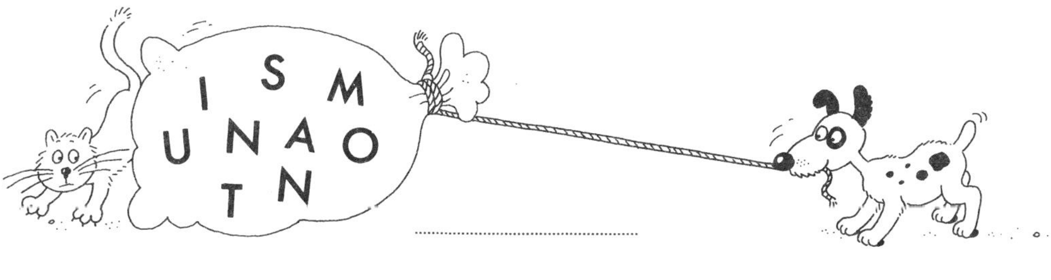

I S M U N A O T N

....

Objectif: utiliser des mots en rapport avec l'hiver

Es-tu poli?

Lis attentivement les formules suivantes.

Hello
Bonjour

Good evening
Bonsoir

Good night
Bonne nuit

Goodbye
Au revoir

Thank you
Merci

It's a pleasure
Je vous en prie

Please
S'il te/vous plaît

I beg your pardon?
Comment?

(I am) sorry
Je suis désolé/pardon

Excuse me
Excusez-moi

Reconstitue les 7 formules de politesse en coloriant les mots qui vont ensemble et recopie ensuite les formules reconstituées.

....

....

....

Objectif: connaître les formules de politesse en anglais

La ville

Inscris à la bonne place dans le dessin le chiffre qui correspond à chacun des mots ci-dessous.

1. house
2. town hall
3. police station
4. post office
5. school
6. supermarket
7. church
8. park
9. bench
10. tree
11. street
12. avenue
13. pedestrian crossing
14. traffic lights
15. building
16. office
17. shop
18. restaurant
19. chemist's
20. butcher's
21. baker's
22. fish shop
23. grocer's
24. florist
25. statue
26. bus stop
27. cinema

Objectif: connaître le vocabulaire anglais relatif à la ville

Cherche les mots

Inscris sur les pointillés le nom anglais des différents moyens de transport décrits.

They fly *(ils volent)*:

....

They have two wheels *(ils ont deux roues)*:

....

They have four wheels *(ils ont quatre roues)*:

....

They move on rails *(ils roulent sur rails)*:

....

Indique pour chaque dessin le nom anglais. Recopie ensuite les lettres entourées dans l'ordre exact et tu découvriras le nom d'un autre moyen de transport.

Moyen de transport découvert: ....

Dessine-le ici:

Objectif: apprendre à écrire correctement en anglais les moyens de transport

Jeune et vieux

Relie les adjectifs de la colonne de gauche avec leur contraire de la colonne de droite.

big •	• hot
cold •	• naughty
old •	• small
nice •	• young
bad •	• beautiful
ugly •	• good
slow •	• fast

Des adjectifs se cachent dans ces lampions. Retrouve-les et inscris-les sur les pointillés.

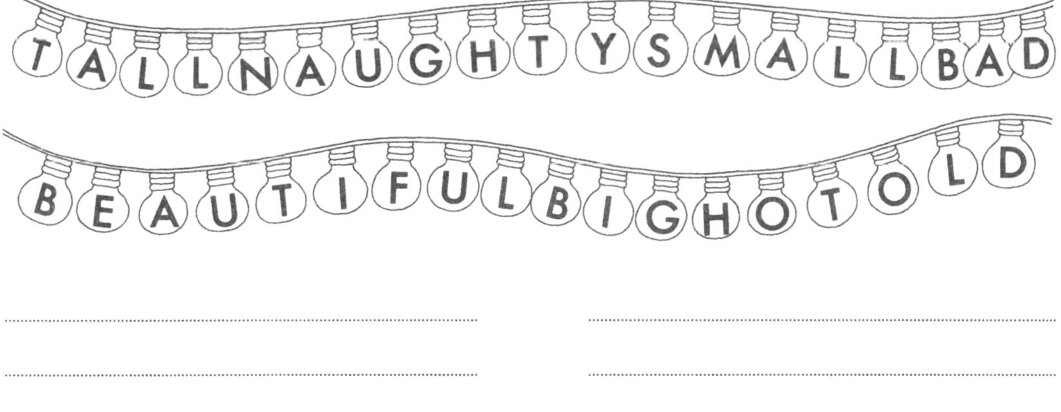

Objectif: connaître les adjectifs qualificatifs et leurs contraires

Que disent-ils?

Observe attentivement les dessins. Inscris ensuite dans chaque bulle la formule de politesse qui convient.

Complète les formules suivantes:

P .(3) . A S .	G . . D B Y .(2)	S .(5) R R .
I T ' S A P .(4) E A . . . E	T .(1) . N K . O U	

Après avoir complété ces formules, replace les lettres sélectionnées dans le bon ordre et tu découvriras une autre formule de politesse.

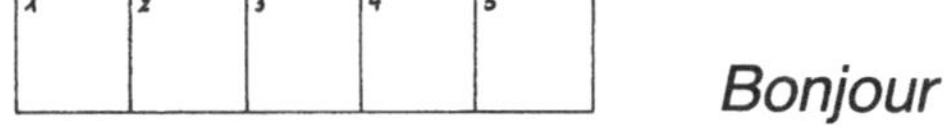

Bonjour

Objectif: apprendre à utiliser les formules de politesse anglaises

Faisons les courses!

Où achètes-tu généralement les aliments et produits suivants?

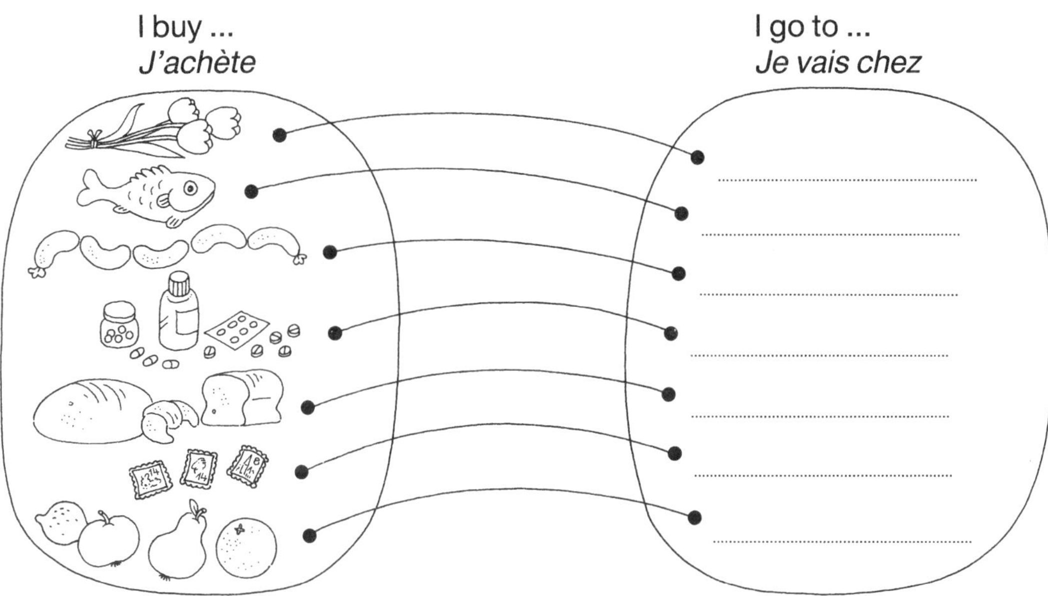

Replace dans le bon ordre les lettres de chaque sac et tu découvriras trois mots anglais que l'on peut voir dans une ville. Dessine-les.

Objectif: connaître et appliquer le vocabulaire anglais relatif à la ville

Compléter

Certaines lettres ont disparu mystérieusement. Peux-tu compléter les mots suivants. Recopie-les et relie-les ensuite au dessin qui leur correspond.

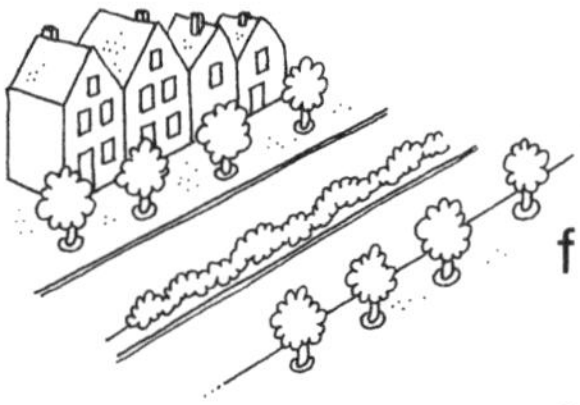

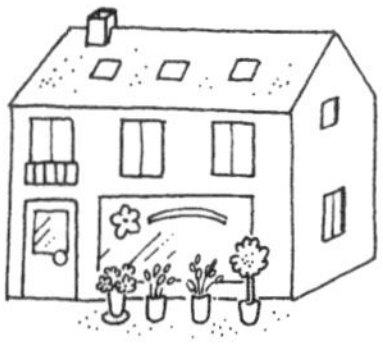

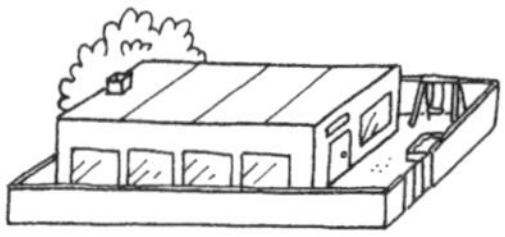

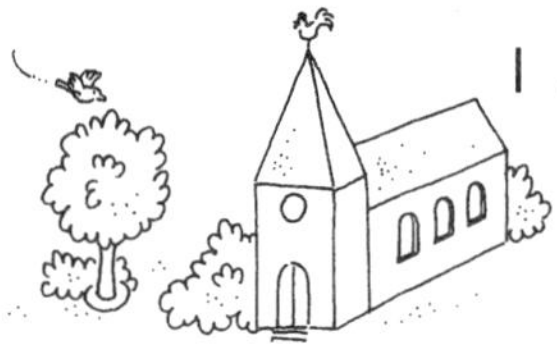

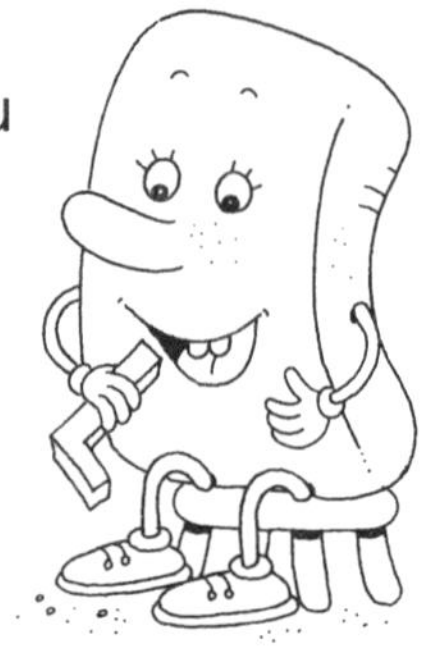

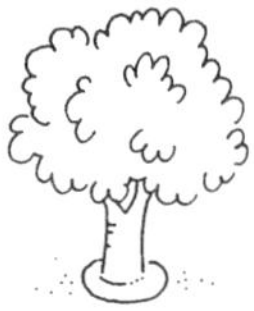

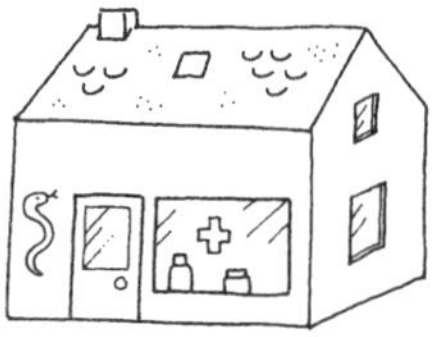

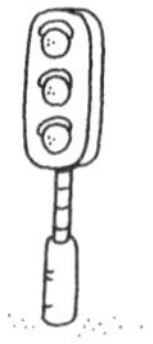

f . . r i s . ...

. . e e s ....

s . . o o . ...

a v . . . e ....

. h u . . h ....

c . e . i . t ' s ....

l . g h . s ....

Les mots ci-dessous sont découpés en deux et mélangés; à toi de les reconstituer convenablement pour former six mots.

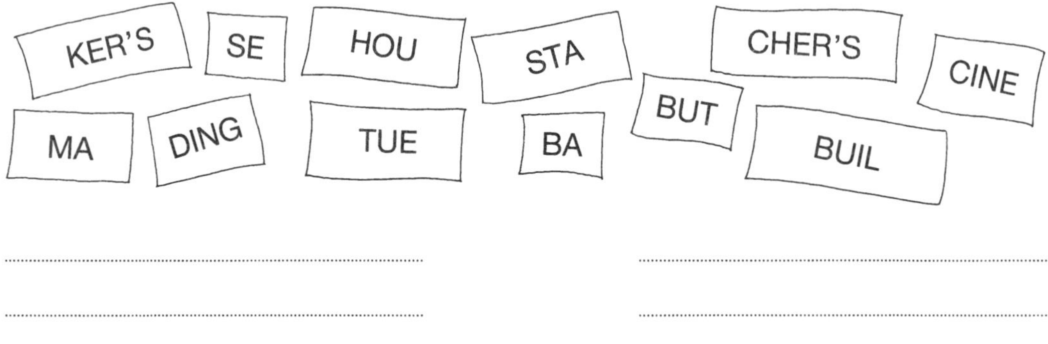

....

....

....

Objectif: reconnaître des mots anglais relatif à la ville

Liaisons

Relie les noms de la colonne de gauche avec le verbe correspondant de la colonne de droite.

bus •	
aeroplane •	• to ride
train •	
helicopter •	• to fly
car •	
boat •	
lorry •	• to move on rails
motorbike •	
underground train •	• to sail
bicycle •	

En replaçant chaque mot dans le bon ordre, tu pourras reconstituer une phrase. Relie chaque phrase avec le dessin correspondant.

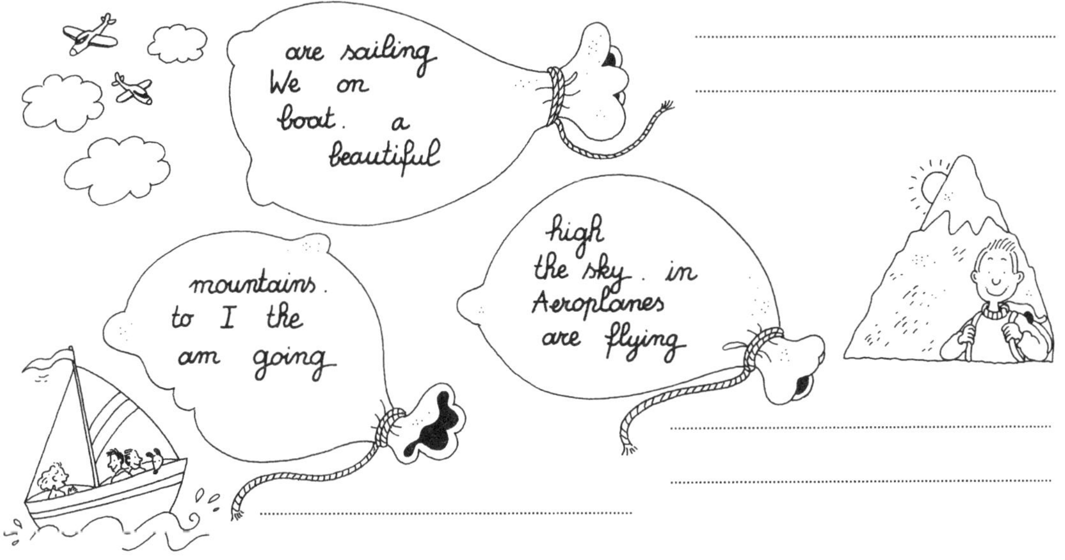

Objectif: comprendre de courtes phrases et conjuguer des verbes en anglais

Peux-tu m'indiquer le chemin?

Pour aller au parc, Bob doit demander son chemin. Lis attentivement la réponse. Dessine ensuite le chemin que Bob doit suivre.

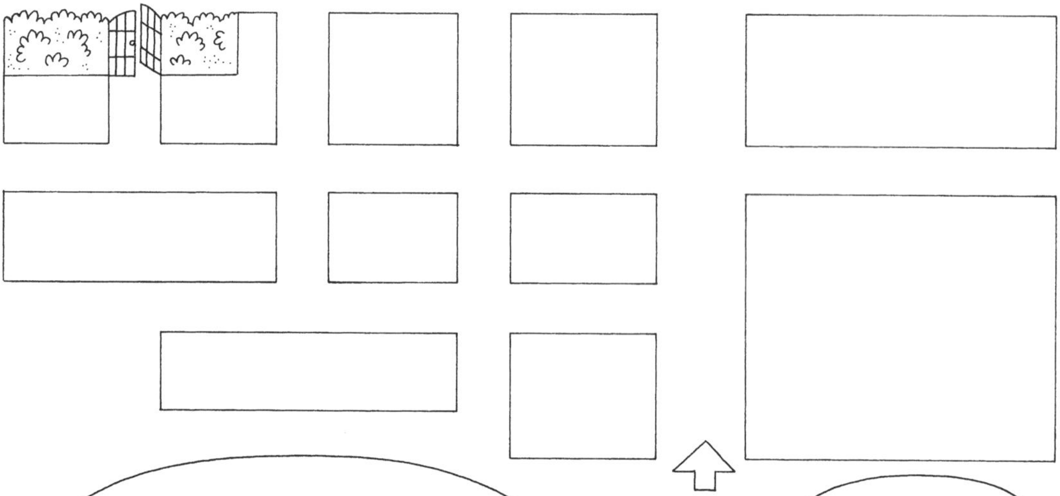

Il existe encore une autre possibilité. Continue en anglais.

You take the first turning on the left, then ....

....

....

....

....

Objectif: utiliser quelques expressions anglaises pour demander son chemin

Le temps

Indique pour chaque dessin le nombre correspondant au mot anglais. Inscris-le.

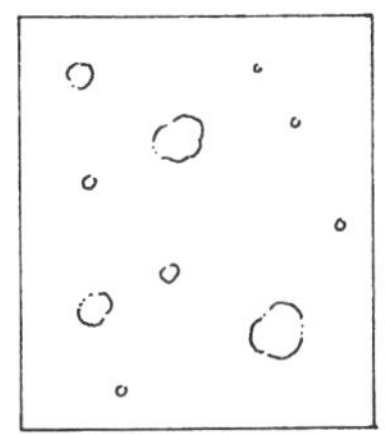

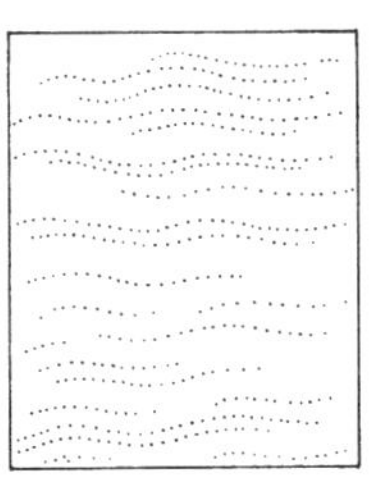

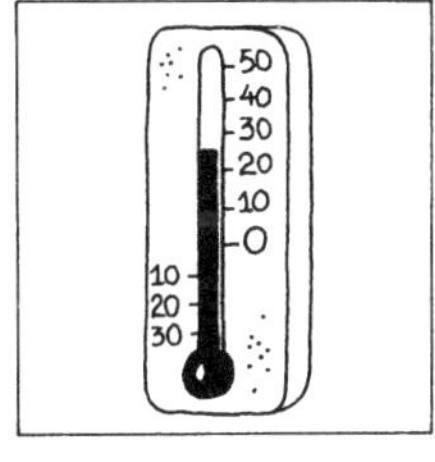

1 the sky
le ciel

2 the cloud
le nuage

3 the sun
le soleil

4 the star
l'étoile

5 the fog
le brouillard

6 the moon
la lune

7 the thermometer
le thermomètre

8 the rain – it is raining
la pluie – il pleut

9 the wind – the wind is blowing
le vent – le vent souffle

10 the snow – it is snowing
la neige – il neige

11 the ice – it is freezing
la glace – il gèle

12 thunder and lightning
le tonnerre et l'éclair

The sun is shining: *Le soleil brille*

The rain is falling: *La pluie tombe*

It is cold/hot: *Il fait froid/chaud*

Objectif: comprendre le vocabulaire anglais relatif au temps

A la campagne

Inscris à la bonne place dans le dessin le nombre qui correspond à chaque mot.

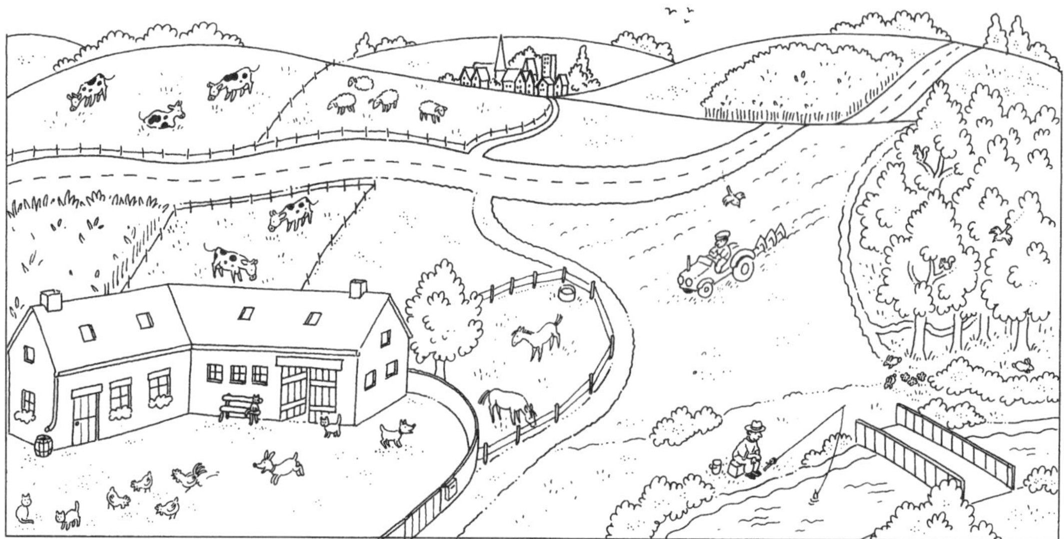

1 the hill
la colline

2 the village
le village

3 the road
la route

4 the path
le chemin

5 the track
le sentier

6 the wood
le bois

7 the tree
l'arbre

8 the flower
la fleur

9 the bush
le buisson

10 the rabbit
le lapin

11 the squirrel
l'écureuil

12 the bird
l'oiseau

13 the hen
la poule

14 the cow
la vache

15 the horse
le cheval

16 the sheep
le mouton

17 the dog
le chien

18 the field
le champ

19 the farmer
le fermier

20 the farm
la ferme

21 the cat
le chat

22 the river
la rivière

23 the bridge
le pont

24 the fisherman
le pêcheur

Objectif: se familiariser avec le vocabulaire anglais relatif à la campagne

A la gare

Peux-tu indiquer dans le dessin les nombres qui correspondent aux mots anglais?

1 the station
la gare

2 the railway
la voie ferrée

3 the rails
les rails

4 the entrance
l'entrée

5 the exit
la sortie

6 the train
le train

7 the carriage
le wagon

8 the engine
la locomotive

9 the ticket office
le guichet

10 the ticket
le billet

11 the traveller
le voyageur

12 the guard
le chef de train

13 the ticket-collector
le contrôleur

14 the information office
les renseignements

15 the suitcase
la valise

Objectif: apprendre les mots anglais relatifs aux chemins de fer

Where? – Où?

Note le chiffre qui correspond à chaque dessin.

1. The dog is to the right of the kennel.
   Le chien se trouve à droite de la niche.
2. The ladder is against the wall.
   L'échelle est contre le mur.
3. The apple is between two pears.
   La pomme se trouve entre deux poires.
4. The child is sitting next to/beside his mother.
   L'enfant est assis à côté de sa mère.
5. The ball is flying over the tent.
   Le ballon vole au-dessus de la tente.
6. The cat is lying to the left of the basket.
   Le chat est couché à gauche du panier.
7. The cat is lying near the fire.
   Le chat est couché près du feu.
8. The mouse is running under the table.
   La souris court sous la table.

Objectif: apprendre à localiser en anglais

La bonne place

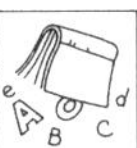

Relie les mots anglais à leur traduction française au moyen d'une flèche.

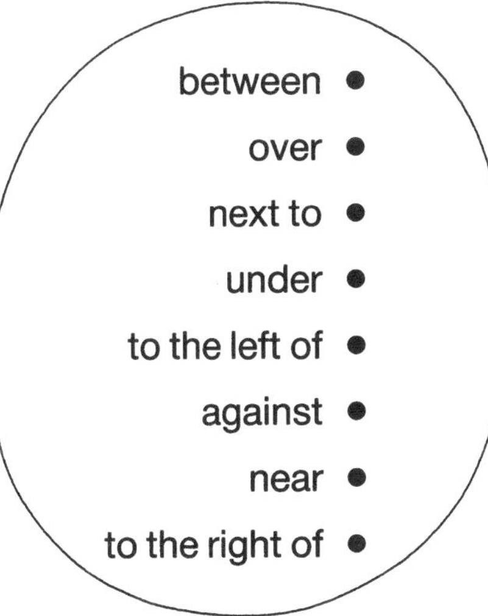

between •
over •
next to •
under •
to the left of •
against •
near •
to the right of •

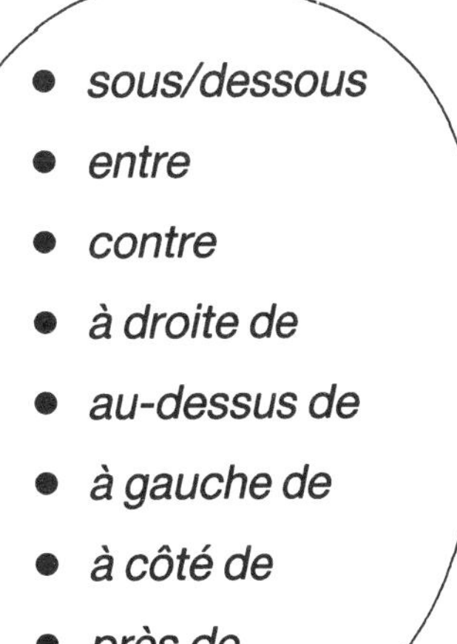

• *sous/dessous*
• *entre*
• *contre*
• *à droite de*
• *au-dessus de*
• *à gauche de*
• *à côté de*
• *près de*

Choisis les mots exacts dans l'encadré et écris-les sous le dessin correspondant. Regarde d'abord l'exemple.

exemple: 

next to/beside
(à côté de)

to the left of – to the right of – over – between

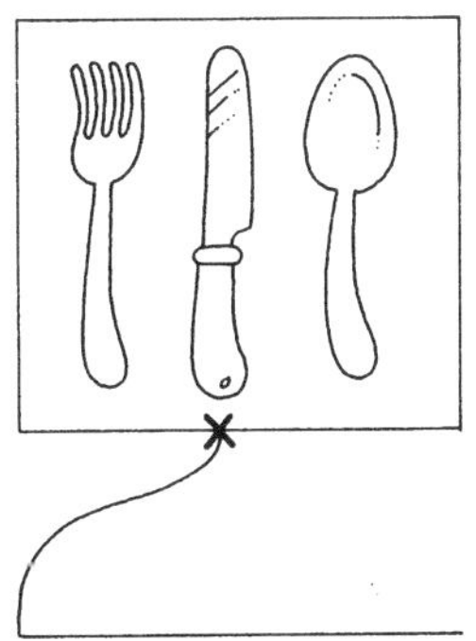

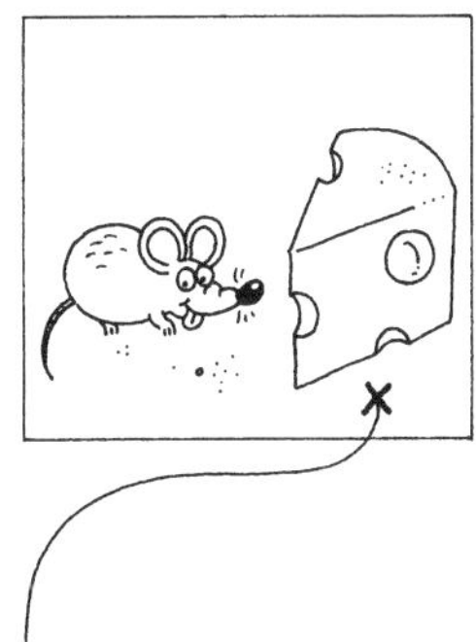

Objectif: apprendre à localiser en anglais

What time is it? – Quelle heure est-il?

Regarde attentivement les exemples. Inscris ensuite l'heure exacte.

Rappelle-toi: 1 = one, 2 = two, 3 = three, 4 = four, 5 = five, 6 = six,
7 = seven, 8 = eight, 9 = nine, 10 = ten, 11 = eleven, 12 = twelve.

A. L'heure

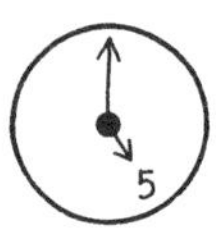

It is five o'clock

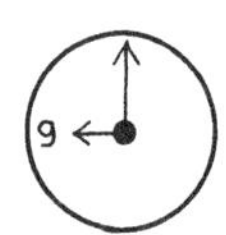

....
....

....
....

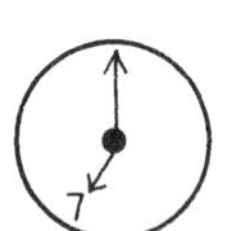

....
....

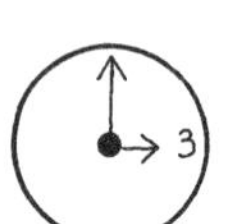

....
....

12 o'clock = midday or noon *(midi)* or midnight *(minuit)*

B. La demi-heure

It is half past one (It is one thirty)

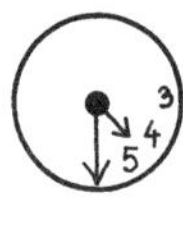

It is half past four (It is four) thirty)

....
....
....
....

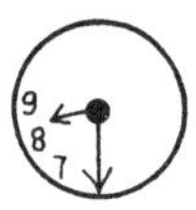

....
....
....
....

....
....
....
....

....
....
....
....

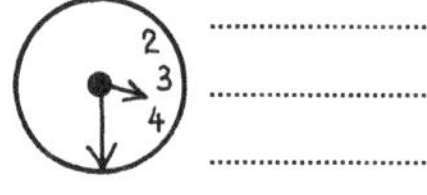

....
....
....
....

....
....
....
....

C. Le quart d'heure

It is quarter past two

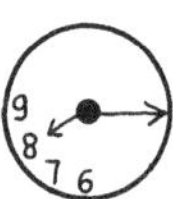

It is .... eight

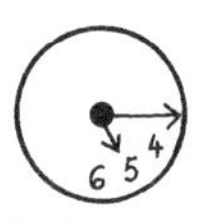

It is ....
....

It is ....
....

It is quarter to two (It is one forty-five)

It is ....
....
....
....

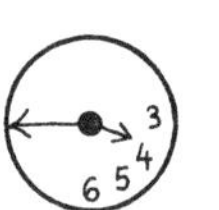

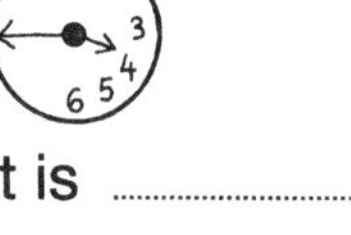

It is ....
....
....
....

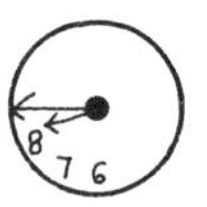

It is ....
....
....
....

Objectif: apprendre à lire l'heure en anglais

Les métiers

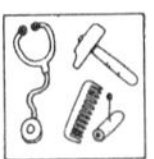

Ecris le chiffre correspondant à chaque métier.

1 the plumber
le plombier

2 the seller
le vendeur

3 the secretary
la secrétaire

4 the dentist
le dentiste

5 the mechanic
le mécanicien

6 the policeman
le policier

7 the hairdresser
le coiffeur

8 the doctor
le médecin

9 the electrician
l'électricien

10 the nurse
l'infirmière

11 the fireman
le pompier

12 the postman
le facteur

13 the garageman
le garagiste

14 the teacher
le professeur

15 the painter
le peintre

Objectif: apprendre le vocabulaire relatif aux métiers

Les loisirs

Indique à côté de chaque dessin le nombre correspondant au mot.

1. cycling (to ride a bike)
   le cyclisme (rouler à vélo)

2. horse riding
   l'équitation

3. to play tennis
   jouer au tennis

4. walking (to go for a walk)
   la promenade (se promener)

5. gymnastics
   la gymnastique

6. fishing
   la pêche

7. swimming (to swim)
   la natation (nager)

8. fencing
   l'escrime

9. skating (to skate)
   le patinage (patiner)

10. running (to run)
    la course à pied (courir)

Complète:

Which activities do you enjoy? ....

Quelle(s) activité(s) aimes-tu? ....

Objectif: connaître le vocabulaire anglais relatif aux loisirs et aux sports

Dessine les flèches

Relie les deux éléments de chaque mot au moyen d'une flèche.
Recopie les mots sur les pointillés.

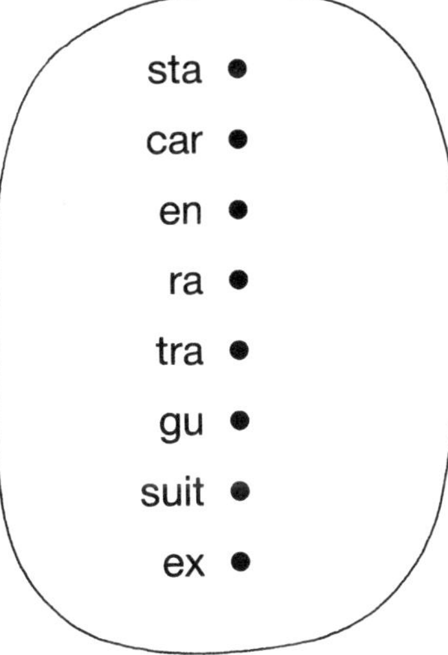

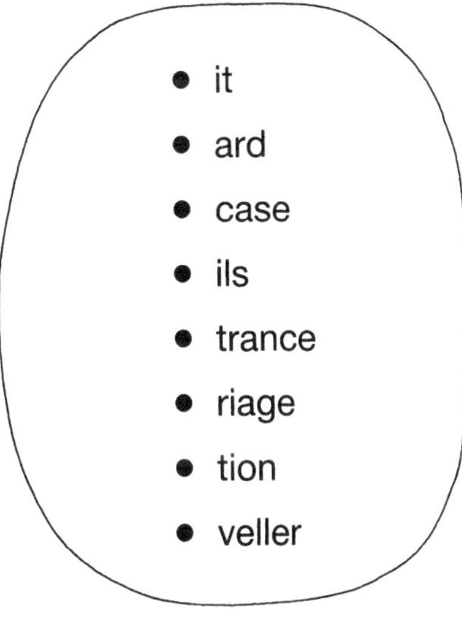

....

....

....

Les mots suivants ont perdu des lettres. Complète chaque mot et dessine ce qu'il représente.

1 r . . l .

2 e . g . . e

3 . . r r . a . .

4 . . . t . a s .

5 . . . k . t

Objectif: revoir le vocabulaire relatif aux chemins de fer

Où est-ce?

Observe attentivement le dessin. Choisis ensuite dans l'encadré les mots et complète les phrases.

against – to the right of
between – over – under

The flowers are .... the trees.
Les fleurs sont .... les arbres.

The kennel is .... the house.
La niche se trouve .... la maison.

The aeroplane is flying .... the house.
L'avion vole .... la maison.

The deckchair is .... the kennel.
Le transatlantique se trouve .... la niche.

The cat is lying .... the deckchair.
Le chat est couché .... du transatlantique.

Objectif: s'exercer à localiser en anglais

Les minutes

Regarde bien les exemples:

<u>Exemples:</u> 3.08 = It is eight minutes past three.
6.50 = It is ten to seven.

A partir de . h35 on peut dire twenty-five to ...

Par exemple: 4.50 It is ten to five.
11.40 It is twenty to twelve.

Attention, il faut encore savoir:

12 = twelve; 13 = thirteen; 14 = fourteen; 15 = fifteen;

16 = sixteen; 17 = seventeen; 18 = eighteen; 19 = nineteen;

20 = twenty; 30 = thirty; 40 = forty; 50 = fifty

Nous disons: twenty-one (21), twenty-two (22), twenty-three (23) etc.

Colorie les heures correspondantes dans une même couleur.

12:50	twenty-five past eight	five to six	08:25
02:15	twelve forty-three	ten to one	10:30
12:43	half past ten	quarter to seven	18:45
17:55	quarter past two	half past one	13:30

Objectif: apprendre à lire l'heure en anglais

Cherchons l'intrus

Indique quel est l'intrus en noircissant la case qui lui correspond.

○ the road	○ the wood	○ the field
○ the dog	○ the bush	○ the cat
○ the path	○ the horse	○ the hen

○ the farmer	○ the farmer	○ the road
○ the flower	○ the fisherman	○ the rabbit
○ the tree	○ the bridge	○ the squirrel

Reconstitue les mots anglais et recopie-les.

s . . . r . . .

....

p . . h

....

f . . h . . m . n

....

s . . . p

....

f . e . d

....

b i . .

....

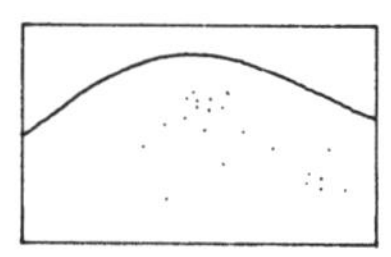

h . l .

....

b r . d g .

....

v . . . a g e

....

f . . w . .

....

f . r . . r

....

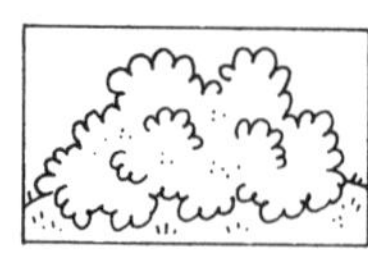

b . . h

....

Objectif: se familiariser avec le vocabulaire anglais relatif à la campagne

Le quantième?

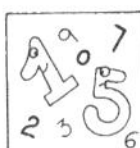

Que dit chacun des garçons de la rangée?
Réponds en utilisant les mots qui se trouvent ci-dessous.

Complète en utilisant:

the first
le premier

the second
le deuxième

the third
le troisième

the fourth
le quatrième

the fifth
le cinquième

the sixth
le sixième

the seventh
le septième

the eighth
le huitième

the ninth
le neuvième

the tenth
le dixième

In your classroom, who is sitting ...
Dans ta classe, qui est assis...

at the second desk? ....

at the first desk? ....

at the third desk? ....

at the fourth desk? ....

Objectif: apprendre les adjectifs numéraux ordinaux

Peux-tu lire l'heure?

Quelle heure est-il maintenant? Ecris-le en anglais.

Dessine les aiguilles de la montre à l'heure indiquée en anglais.

quarter past seven

half past nine

ten to twelve

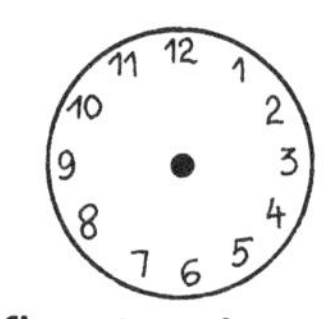

five to eleven

half past one

four thirty-five

twenty-five past six

twenty past three

Réponds en anglais?

What time do you get up? *(A quelle heure te lèves-tu?)*
I get up at *(Je me lève à)* ....

Objectif: apprendre à lire l'heure en anglais

Quel est ce métier?

A quels métiers les dessins te font-ils penser? Ecris le métier en anglais à côté de chaque dessin.

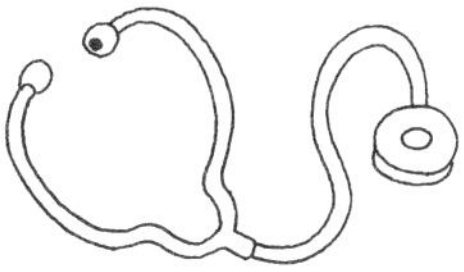

....

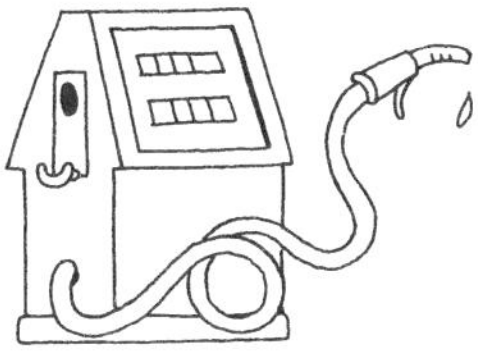

....

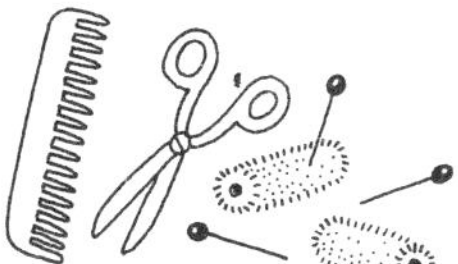

....

....

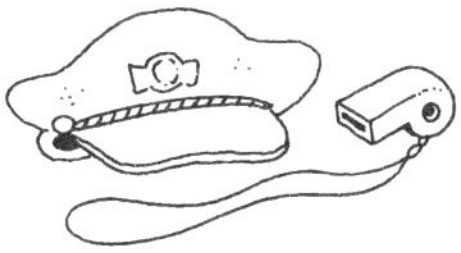

....

....

....

....

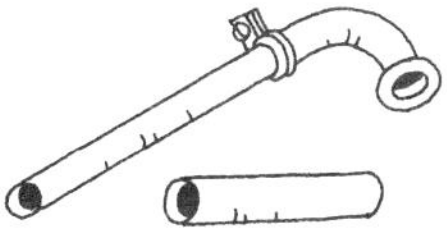

....

....

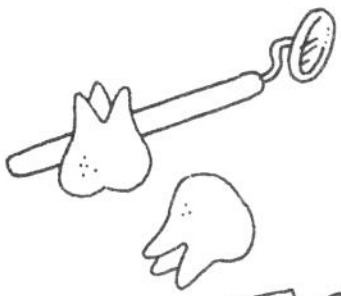

....

....

....

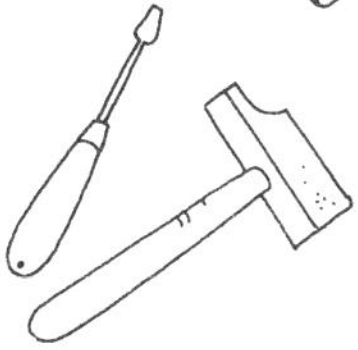

....

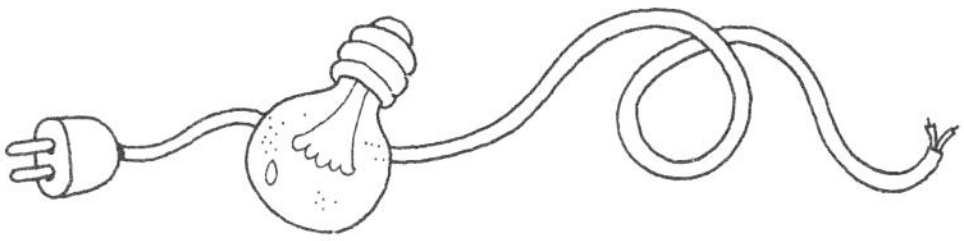

....

Objectif: pratiquer le vocabulaire anglais relatif aux métiers

Quels sont tes loisirs?

Inscris le nombre correspondant à chaque dessin.

1. attending a concert
   aller au concert
2. going to the theatre
   aller au théâtre
3. going to the cinema
   aller au cinéma
4. painting
   peindre
5. reading
   lire
6. listening to music
   écouter de la musique
7. playing the guitar
   jouer de la guitare
8. collecting things
   collectionner des objets
9. dancing
   danser
10. taking photographs
    faire des photos

Réponds à la question suivante:

Which are your hobbies? ....
Quels sont tes loisirs? ....

Objectif: connaître le vocabulaire anglais relatif aux loisirs

Complète les phrases

Complète les quatres phrases en reliant les deux parties au moyen de flèches.

1 the train •

2 the traveller •

3 I •

4 You •

• asks for information.

• is leaving at 8 o'clock.

• am buying a sandwich.

• are taking tickets.

Recopie les phrases que tu as complétées.

1 ....

2 ....

3 ....

4 ....

Ecris à côté de chaque dessin le chiffre qui lui correspond.

Rédige quelques phrases en utilisant les verbes to buy, to ask, to leave et to take.

....

....

....

....

Objectif: pratiquer le vocabulaire relatif aux chemins de fer

Quel garçon?

Regarde l'exemple puis réponds aux questions suivantes.

Exemple

1 Which boy has a bike but neither a hat nor a scarf?
Quel garçon a un vélo, mais pas de bonnet ni d'écharpe?
the seventh

2 Which boy has a scarf but neither a hat nor a bike? ....

3 Which boy has a scarf and a bike but no hat? ....

4 Which boy has a hat but neither a bike nor a scarf? ....

5 Which boy has a hat and a scarf but no bike? ....

6 Which boy has a hat and a bike but no scarf? ....

7 Which boy has a hat, a bike and a scarf? ....

8 Which boy has neither a hat, nor a bike, nor a scarf? ....

Objectif: maîtriser les adjectifs numéraux ordinaux

Une journée avec James

Ecris l'heure exacte en anglais sous chaque dessin. Choisis dans la liste qui se trouve ci-dessous.

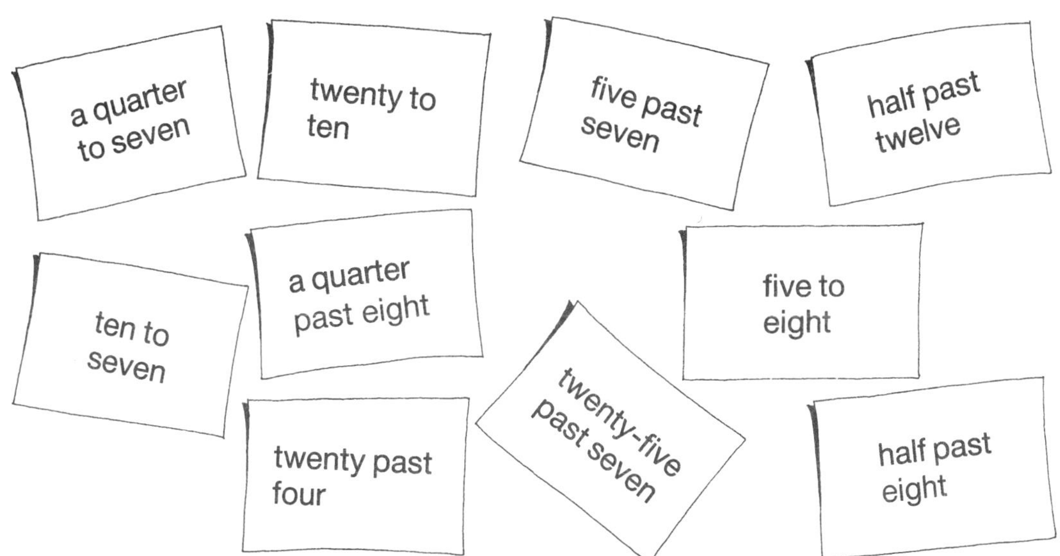

What time do you go to bed? *(A quelle heure vas-tu au lit?)*

I go to bed at *(Je vais au lit à)* ....

Objectif: dire l'heure exacte en anglais

Dessiner des animaux

Lis attentivement les énoncés. Dessine ensuite chaque animal dans la case correspondante.

	1	2	3	4	5	6	7	8	9	10	
line *ligne*				•					box *case*		1
											2
											3
					*						4
											5
											6
											7
											8
											9
											10

in the fourth box of the first line (●)

in the fifth box of the fourth line (*)

in the third box of the seventh line

in the tenth box of the eighth line

in the second box of the second line

in the seventh box of the sixth line

in the first box of the fifth line

in the eighth box of the third line

in the ninth box of the tenth line

in the sixth box of the ninth line

Objectif: pratiquer les adjectifs numéraux ordinaux en anglais

Que font-ils?

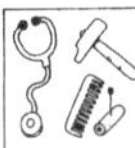

Relie les deux éléments de chaque mot au moyen d'une flèche.

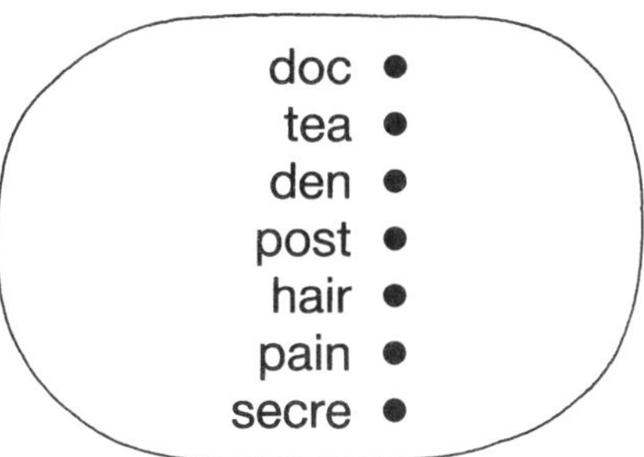

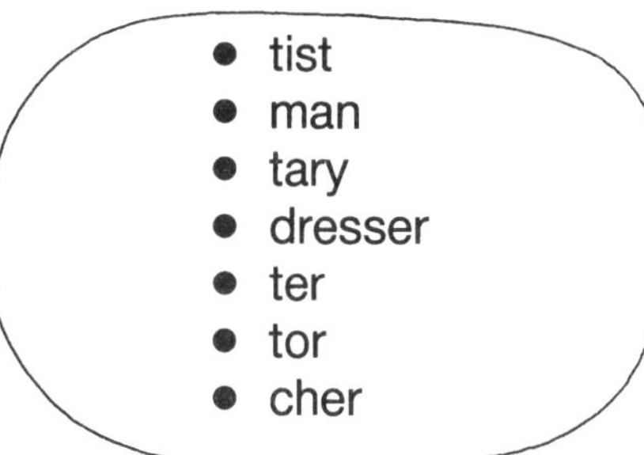

Réponds en anglais aux questions suivantes:

What is your mother's job? ....

Quel est le métier de ta mère?

What is your father's job? ....

Quel est le métier de ton père?

What job do you want to have later?

Quel métier feras-tu plus tard?

....

Complète les phrases. Choisis parmi les métiers suivants:

postman – fireman – teacher – policeman – nurse – garageman

the .... repairs cars. *(Le .... répare des voitures.)*
the .... writes on the board. *(Le .... écrit au tableau.)*
the .... gives injections. *(L'.......... fait des piqûres.)*
the .... delivers letters. *(Le .... distribue des lettres.)*
the .... looks out for criminals. *(Le .... guette les malfaiteurs.)*
the .... puts out fires. *(Le .... éteint les incendies.)*

Objectif: pratiquer le vocabulaire anglais relatif aux métiers

Assistes-tu au concert?

Quels loisirs évoquent pour toi ces dessins? Ecris les mots anglais à côté de chaque dessin.

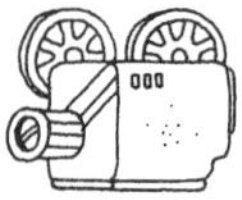

....

....

....

....

....

....

....

....

....

....

....

Réponds en anglais aux questions suivantes. Regarde bien l'exemple.

Do you like going to concerts?	☐ Yes, I like going to concerts.
Aimes-tu aller au concert?	☐ No, I don't like going to concerts.

Do you like going to the cinema? ....

Do you like going to the theatre? ....

Do you like reading? ....

Do you like playing the guitar? ....

Do you like dancing? ....

Objectif: connaître le vocabulaire anglais relatif aux loisirs